Hannah Arendt

Coleção **PASSO-A-PASSO**

CIÊNCIAS SOCIAIS PASSO-A-PASSO
Direção: Celso Castro

FILOSOFIA PASSO-A-PASSO
Direção: Denis L. Rosenfield

PSICANÁLISE PASSO-A-PASSO
Direção: Marco Antonio Coutinho Jorge

Ver lista de títulos no final do volume

Adriano Correia

Hannah Arendt

ZAHAR

Capa
Sérgio Campante

Composição
TopTextos Edições Gráficas Ltda.

Impressão sob demanda
UmLivro

Papel
Alta Alvura, Suzano S.A.

CIP-Brasil. Catalogação na fonte
Sindicato Nacional dos Editores de Livros, RJ

C847h Correia, Adriano
Hannah Arendt / Adriano Correia. — 1ª ed. — Rio de Janeiro: Zahar, 2007.
(Passo-a-passo; v.73)

Inclui bibliografia
ISBN 978-85-7110-975-9

1. Arendt, Hannah, 1906-1975. 2. Ciência política. I. Título. II. Série.

07-0099 CDD: 320
CDU: 32

[2020]

EDITORA SCHWARCZ S.A.
Praça Floriano, 19, sala 3001 — Cinelândia
20031-050 — Rio de Janeiro — RJ
Telefone: (21) 3993-7510
www.companhiadasletras.com.br
www.blogdacompanhia.com.br
facebook.com/editorazahar
instagram.com/editorazahar
twitter.com/editorazahar

Sumário

Introdução

Hannah Arendt afirmou mais de uma vez que o pensamento tem de estar enraizado na experiência e só estabelece algo de relevante e significativo se permanece nessa situação. A sua condição de pensadora política dentre as mais destacadas do século XX não pode ser compreendida se pensarmos nela apenas como mais uma herdeira da tradição da filosofia alemã. Ainda que já em seus primeiros escritos se refletisse uma preocupação com a existência do homem no mundo mais que com qualquer princípio puramente metafísico, foram os eventos extremos do seu tempo que a atingiram frontalmente e desafiaram sua capacidade de compreender.

Aceitar o desafio, para ela, significou pensar a fundo o totalitarismo, o evento que tornou um fato do mundo o que antes era parte apenas da história do pensamento: a ruptura do fio da tradição ocidental e, por conseguinte, das afinidades que estabeleceu. O que é marcante no pensamento de Arendt é a consciência do ocaso do político nos nossos tempos, consciência que também atua como ponto de partida de uma reflexão que, na sua busca por compreensão, tem em mente o caráter irremediável daquela ruptura.

Em um contexto pós-tradicional, no qual não podemos pressupor que o homem seja um animal político, como os antigos, nem considerar como assentados os tradicionais princípios que eram também os fundamentos da moralidade, a questão que se propõe é como estabelecer os necessários espaços públicos, nos quais os homens não apenas atualizem sua capacidade de agir e vivam a cidadania, mas também os preservem como espaços de visibilidade em que a grandeza fugaz da frágil existência humana possa aparecer e ser rememorada.

Em sua reflexão sobre a política, Hannah Arendt tem sempre em conta o conflito entre aquele que elegeu o pensar como modo de vida e aquele que se dedica à ação. A condenação do filósofo pela *pólis*, no evento emblemático que foi o julgamento e a morte de Sócrates, teria feito com que o filósofo e o político seguissem caminhos antagônicos, mais que distintos. Os filósofos passaram então a se ocupar em seu pensamento com o domínio dos assuntos humanos não por um interesse autêntico pelos eventos no mundo ou pelos feitos dos homens, mas devido a uma preocupação com o estabelecimento de condições mais seguras para o exercício da atividade filosófica. Nesse sentido é que se pode entender a busca dos filósofos por compreender a política consoante a preocupação fundamental de fazer com que a necessária convivência entre os homens represente o menos possível um recíproco constrangimento. Para Arendt, apenas na contemporaneidade, com o fim da nossa tradição, podemos conceber um novo pensamento político, a reconhecer no domínio dos assuntos humanos, notadamente a ética e a política, autênticos problemas filosóficos.

O resultado mais importante desse novo interesse do filósofo pela política, não mais motivado por uma questão de "interesse profissional", talvez seja o abandono da condição de quem está fora de toda disputa e contempla o mundo a distância. Com Karl Jaspers, Hannah Arendt advogava um uso da razão marcado pela comunicação ilimitada, compreendendo, por sua vez, que "a própria verdade é comunicativa e desaparece fora da comunicação. ... Pensar é antes uma prática entre os homens que o desempenho de um indivíduo na solidão que escolheu para si". A obra de Hannah Arendt tem sempre reafirmado seu vigor, não apenas por haver pensado a fundo os abismos de nosso tempo, mas também por conceber o pensamento estreitamente vinculado ao estar junto aos outros no mundo.

Chegando ao mundo

A citação mais recorrente na obra publicada de Hannah Arendt é a seguinte frase de Agostinho de Hipona: "Para que houvesse um início o homem foi criado." Ela julgava que cada nascimento é percebido no mundo porque todo recém-chegado possui a capacidade de agir, de iniciar algo novo. Sendo cada homem um indivíduo singular, no nascimento algo singularmente novo vem ao mundo. Não é outra a razão de a natalidade ser para ela a categoria central do pensamento político, distintamente do pensamento metafísico, ocupado com a mortalidade.

O mundo, se deixado à própria sorte, tende a seguir a mesma lei da mortalidade que preside a vida e todas as coisas humanas. Apenas a ação interpõe rupturas no movimento retilíneo do homem, do nascimento em direção à morte, em sua vida biológica. A capacidade de agir, de iniciar algo novo, tal como a compreende Hannah Arendt, está fundada no fato do nascimento, que é como um milagre que salva o mundo de sua ruína. O nascimento renova, assim, a persistente inserção de novidade e imprevisibilidade. Cada indivíduo se insere no mundo como um estranho e deve ser então acolhido e protegido em seu desenvolvimento, de modo que se sinta em casa e possa agir e afirmar sua singularidade.

Quando Hannah Arendt nasceu, em 1906, em Hannover, não se podia imaginar que o século XX, para ela bastante longo, iria desafiar sua capacidade de agir e de compreender os persistentes eventos extremos e catastróficos que transformariam profundamente a sua vida. A Alemanha fragmentada das primeiras décadas do século passado poucas vezes se mostrou um lar para ela. A infância tranqüila e alegre vivida em Königsberg foi interrompida pela abrupta fuga para Berlim em 1914, ante o temor do avanço do exército russo. No ano anterior, aos sete anos, teve de lidar com as mortes do pai e do avô. Junto a suas enfermidades na infância, as perdas familiares fizeram com que a "criança ensolarada" se convertesse em uma adolescente soturna, nas palavras de sua mãe, Martha Cohn.

A vida de uma judia. Os pais de Hannah Arendt provinham de famílias judias russas emigradas para Königsberg menos de um século antes do nascimento dela. Na infância, desfrutou uma condição econômica consideravelmente confortável de classe média, antes que a aguda instabilidade após a Primeira Guerra Mundial tragasse a estabilidade financeira de sua família. Tanto Martha Cohn quanto Paul Arendt viviam como judeus educados, viajados e mais à esquerda em política. Já na adolescência tornaram-se socialistas, quando o Partido Socialista ainda era ilegal na Alemanha. Martha Cohn inclusive apoiou os espartaquistas de Rosa Luxemburg quando sua rebelião provocou uma greve geral. Não eram religiosos, mas permitiam que sua filha fosse à sinagoga com os avós.

O contato com o rabino reformista Hermann Vogelstein, um dos mais influentes líderes dos judeus alemães liberais de Königsberg, e, mais tarde, a presença nas palestras de Romano Guardini sobre Kierkegaard em Berlim foram decisivos para o interesse inicial de Hannah Arendt por teologia, quando ingressou na Universidade de Marburg, em 1924. Arendt se manteve na universidade a duras penas, com auxílios e bolsas precários, em vista da deterioração da condição financeira de sua família e do Estado alemão no pós-guerra.

Hannah Arendt mencionava que durante sua infância nunca ouvia em casa a palavra "judeu", mas ela logo se tornou familiar nos comentários anti-semitas das crianças na rua e na escola. Longe de resultar de uma adesão, a condição de judia se mostrou para ela antes de tudo um fato. Quando escreveu a biografia *Rahel Varnhagen — a vida de uma judia alemã na época do romantismo*, no começo dos anos 1930, ela relatou que o desejo central da vida de Rahel Varnhagen era escapar do judaísmo, como única alternativa para a assimilação. Hannah Arendt acabou por concluir, a partir da própria Rahel, que não se escapa do judaísmo.

O judaísmo nunca se apresentou para Hannah Arendt como um problema pessoal ou como algo de que se pudesse escapar. De qualquer modo, em toda sua vida não manifestou tal desejo, devido ao que ela denominava gratidão básica por tudo que é como é. Gershom Scholem, importante pensador judeu, acusou Arendt, em uma carta de 1963 — por ocasião da controvérsia que se seguiu à publicação de *Eichmann em Jerusalém — um relato sobre a banalidade do mal* — de não amar o povo judeu, mesmo fazendo parte dele. Ela respondeu que nunca se sentiu sequer tentada a negar sua judeidade, o que seria, para ela, uma insanidade, já que a compreendia como um dos dados factuais indisputáveis de sua vida. Não obstante, enfatiza o seguinte:

> Eu nunca "amei", em toda a minha vida, qualquer povo ou coletividade — nem os alemães, nem os franceses, nem o povo americano, nem a classe operária ou algo desse gênero. De fato, amo "apenas" os meus amigos e o único tipo de amor que eu conheço e em que acredito é o amor a pessoas. Em segundo lugar, este "amor aos judeus" me pareceria algo muito suspeito, uma vez que eu mesma sou judia.

Gershom Scholem, que conheceu a obra sobre Rahel Varnhagen já na época em que era concebida, pela apresentação elogiosa de Walter Benjamin, nos anos 1930, não reataria mais a amizade com Arendt.

A filosofia se impõe

Na carta mencionada anteriormente, respondendo à indicação de Scholem de que faria parte da intelectualidade proveniente da esquerda alemã, Hannah Arendt afirma que, se proveio de alguma parte, foi da tradição da filosofia alemã. Seu interesse por filosofia remonta à sua adolescência. Ela leu primeiro a *Crítica da razão pura*, de Immanuel Kant, e a *Psicologia das visões de mundo*, de Karl Jaspers. Depois de ler Sølem Kierkegaard, a teologia e a filosofia permaneceram em uma associação bastante estreita para ela, desfeita claramente apenas em sua tese de doutoramento, sobre o conceito de amor na obra de Agostinho de Hipona.

Hannah Arendt ouvira falar do filósofo Martin Heidegger já em 1922, quando um amigo relatou a ela com entusiasmo as primeiras palestras do jovem professor em Marburg, às quais estivera presente. Ela ingressou em Marburg em 1924, com 18 anos, em um ambiente acadêmico dominado pelo conservadorismo e em busca de recuperação do impacto inflacionário de 1922 e 1923. Em um período de aguda nostalgia pelos grandes sistemas, ela foi tragada por uma profunda transformação que então se instaurava na filosofia alemã, capitaneada fundamentalmente por

Heidegger e precedida em grande medida por Edmund Husserl, com seu apelo para ir às coisas mesmas, e por Karl Jaspers, proveniente da psiquiatria e conscientemente rebelde com relação à tradição filosófica.

O que Hannah Arendt julgava novo em Heidegger era justamente o fato de que com esse professor, cujo nome circulava pela Alemanha antes de publicar qualquer texto, talvez se pudesse aprender a pensar. O pensar que ele ensinava era absolutamente não-contemplativo e possuía uma qualidade cáustica, sempre a repensar o já pensado e a estabelecer uma grande rede de trilhas cujo resultado foi a derrubada do edifício da metafísica existente, no qual há tempos ninguém mais se sentia à vontade.

Hannah Arendt, que em toda sua obra se juntou às fileiras dos que buscavam desmontar a metafísica e dava por assente que o fio da tradição estava definitivamente rompido, compreendia, com Heidegger, que a perda da continuidade do passado, tal como nos era transmitido desde os gregos e os romanos, não o destrói. Pelo contrário, como notava Friedrich Nietzsche, ela compreendia o fato de o mar estar novamente aberto, com rotas por serem feitas, como uma liberação do olhar. Temos agora de pensar sem corrimão (*Denken ohne Geländer*) e lidar com um passado fragmentado, que perdeu sua certeza de julgamento, sem o manual de instruções e de interdições legado de geração em geração.

O primeiro curso de Heidegger a que Hannah Arendt esteve presente foi sobre o diálogo *O sofista*, de Platão, no semestre do inverno de 1924-5, profundamente vinculado à sua obra mestra *Ser e tempo*. No curso, Heidegger prepara a interpretação do diálogo platônico por meio do exame da *Ética a Nicômaco*, de Aristóteles, principalmente do livro VI. Da análise das virtudes intelectuais na obra aristotélica, Hannah Arendt apreendeu em definitivo a centralidade da distinção entre a vida contemplativa e a vida ativa, assim como entre ação (*práxis*) e fabricação (*poiésis*) no interior desta última. A recepção desses temas é bastante tardia, se considerarmos que apenas em *A condição humana* (1958) são detidamente examinados. Nessa obra, que ela pensou em dedicar a Heidegger, se estabelece um profundo diálogo entre eles, que deixa entrever as afinidades e divergências fundamentais, notadamente no que concerne ao juízo sobre o domínio político.

A despeito de sua permanente admiração pela obra filosófica de Martin Heidegger, de quem foi aluna e também amante, Hannah Arendt conservou um profundo amargor e distanciamento depois do envolvimento dele com o nazismo, em 1933. Após uma lenta e difícil reconciliação no pós-guerra, ela ainda pôde escrever, no seu texto em homenagem aos 80 anos de Heidegger (1969), o mesmo em que o identifica como o rei oculto do pensamento, que é uma deformação profissional dos filósofos se abrigarem junto de tiranos e líderes (*Führers*) quando se envolvem com questões políticas — essa era a principal razão de sua recusa da condição de filósofa e de preferir ser chamada de teórica da política.

Em *A vida do espírito*, concebido nos anos 1970, ela reafirma a posição de Heidegger como grande mestre do pensamento. Entretanto, no seu primeiro texto filosófico publicado nos Estados Unidos, "O que é a filosofia da *Existenz*?" (1946), incluído na coletânea brasileira *A dignidade da política*, Hannah Arendt assinala que aparecem como "queda" em Heidegger justamente os modos da existência humana que se apóiam no fato de que cada homem vive no mundo junto com outros homens. Ademais, diz ela, o que é marcante em toda a reflexão heideggeriana é justamente o "absoluto egoísmo" implícito na sua eleição da morte, a separação mais radical do mundo e dos outros, como princípio de individuação absoluto.

Para Hannah Arendt, naquela época, o antídoto para essa compreensão consistia na comunicabilidade geral pretendida por Karl Jaspers para a filosofia, cuja tarefa é liberar os homens da ilusão do objeto puro do pensamento e promover um retorno à realidade, que não pode ser simplesmente dissolvida no domínio do pensamento. Ela encontra na obra de Jaspers uma existência humana nunca essencialmente isolada, que se confirma na comunicação e no reconhecimento da *Existenz* de outros. Desse modo, nossos pares nunca destroem nossa existência, pois ela só pode se desenvolver no estar-junto dos homens no mundo comum.

A amizade com Karl Jaspers perdurou até a morte dele, em 1969, e foi interrompida apenas durante a dominação nazista. Para Arendt, ninguém contribui mais que Jaspers para suplantar a desconfiança com relação ao domínio público, uma vez que ele sempre supôs que tanto a filosofia quanto a política dizem respeito a todos. Jaspers personificaria a *humanitas* de que falou Cícero: uma recusa a admitir a coerção do caráter absoluto da verdade, seja da ciência, seja da filosofia, e ao mesmo tempo uma atitude que sabe como preservar e admirar as coisas do mundo e cuidar delas. Não teria sido outra a razão de ele não se sentir minimamente tentado a se engajar nas fileiras do *Führer* e ter permanecido firme no meio da catástrofe, representando, no juízo dela, o que restava da *humanitas* na Alemanha.

Hannah Arendt julga que ninguém mais, além de Karl Jaspers, lhe deu acesso à razão, pois ele soube aliá-la a um conceito de liberdade que lhe era inteiramente estranho quando ela chegou a Heidelberg. O que Arendt experimentava com relação a ele era não apenas uma devoção filial, mas também a possibilidade de um diálogo sem reservas com um filósofo voltado para o mundo.

O conceito de amor em Agostinho

Hannah Arendt concluiu, em 1928, sua tese de doutorado sobre *O conceito de amor em Agostinho*, orientada por Karl Jaspers. No seu texto, o emprego da linguagem e a herança dos temas de seus antigos mestres não a impediram de transpor as fronteiras e apontar novos caminhos. Na introdução original, e mesmo na versão revisada em inglês, dos anos 1960, Hannah Arendt afirma que as transformações no pensamento de Agostinho, mesmo em uma progressiva acentuação do dogmatismo, nunca significaram um abandono das suas preocupações filosóficas. Partindo desse pressuposto, ela julgou ser possível interpretar e prestar uma homenagem a Agostinho como filósofo, à margem de sua condição de teólogo e crente.

A estrutura da tese de Hannah Arendt é definida pela compreensão da temporalidade e, mais precisamente, pela relação entre as formas do amor, o mundo e o tempo. O amor, compreende Arendt, se apresenta em Agostinho fundamentalmente como *appetitus*, como desejo (*craving*), que é distintivo da incompletude dos homens. A mortalidade faz brotar no homem o desejo da completude imperturbável, que resulta, por seu turno, na aspiração a uma vida feliz inalcançável sobre a Terra. O amor pode ser distinguido apenas por seu objeto: amor a Deus (*caritas*) e amor ao mundo (*cupiditas*). O amor a Deus, traduzido no desejo de uma vida eterna, é o amor com o objeto correto, mas o preço a ser pago é a conversão das coisas terrenas em um deserto para os homens e o sacrifício do estar em casa no mundo.

A vida é o objeto último de todos os desejos, mas a vida do homem mortal só se redime na negação de si própria, de sua pertença a este mundo, de seu apego aos outros e aos bens do mundo. Para Arendt, o fato de que o desejo movido pelo anseio da felicidade só é apaziguado quando nos atinge a morte, o nosso maior, temor é mais uma manifestação da dificuldade de conciliar as teses agostinianas. Compreendida como a posse destemida de um bem, a felicidade sobre a Terra se mostra inatingível. A essência do homem não pode ser definida, já que ele sempre deseja pertencer a algo fora dele e se transforma de acordo com isso, mas, se há algo que pode ser dito de sua natureza essencial, é que ela carece de auto-suficiência.

A definição do amor como desejo conduziria Agostinho a incongruências, dentre as quais a mais fundamental para Arendt é a malograda tentativa de derivar o amor ao próximo do amor assim compreendido, uma vez que o desejo é mobilizado essencialmente pelo amor a si e pela aspiração à própria felicidade. Hannah Arendt indica ainda a dificuldade de pensar o amor ao próximo a partir do amor a Deus e da fidelidade a seus mandamentos. A questão é como a pessoa, na presença de Deus, isolada de todas as coisas do mundo, pode se interessar minimamente por seu próximo.

Para Hannah Arendt, apenas considerando, além da condição de criaturas de Deus à sua imagem, também a co-presença dos indivíduos no mundo, assim como a partilha de um ancestral comum ao gênero humano, se pode dissolver a aparente contradição na teoria agostiniana entre amor a Deus e amor ao próximo. Com efeito, não apenas no amor a si ou no amor a Deus, mas também no amor aos homens com os quais cada indivíduo convive no mundo e partilha um destino comum, é que se pode pensar a relevância do próximo. Em suma, sem concepção alguma do *amor mundi*, não é possível pensar sem incongruências a relevância do próximo.

O que Hannah Arendt encontra em Agostinho, com e contra ele, é um modo de compreender a existência humana que desloca a centralidade da relação do homem com o mundo da mortalidade para a natalidade. Ainda que o próprio conceito *natalidade* não tenha sido desenvolvido na tese, todo o contexto em que o tema se desenrola posteriormente já se encontra delineado, a ponto de Arendt acrescentar o termo nas revisões feitas na década de 1960.

Quando examina o conceito agostiniano de mundo, um mundo humano constituído pelos homens, Arendt indica o quanto o que está em questão para o cristão, em Agostinho, é que a interrogação sobre seu ser o conduz necessariamente a exilar-se do mundo, pois a resposta à questão sobre quem ele é sempre o conduz ao Criador. Com efeito, o fato de ser do mundo pelo nascimento não impede que se possa querer não estar em casa no mundo e de manter, desse modo, permanentemente aberta a relação retrospectiva com o Criador.

O homem só se sente em casa no mundo quando também o faz, mas isso já implica amá-lo (*dilectio mundi*). Com efeito, não basta construir o mundo para superar a estranheza do homem, pois apenas o amor permite ao homem fazer dele explicitamente a sua pátria. Se nos inserimos no mundo como estranhos, por meio do nascimento, no mundo humano, dirá Arendt em *A condição humana*, o homem só ingressa por palavras e atos; "e esta inserção é como um segundo nascimento, no qual confirmamos e assumimos o fato nu de nosso aparecimento físico original".

O nascimento nos põe como entes em um mundo já dado e faz do homem inescapavelmente um ser do mundo, o que precede todo *amor mundi*. Não obstante, aquela inserção por palavras e atos não nos é imposta pela necessidade, como o trabalho, nem mobilizada pela utilidade, como a fabricação, pois "ela pode ser estimulada pela presença de outros a cuja companhia podemos desejar nos juntar, mas nunca é condicionada por eles; seu impulso surge do começo que veio ao mundo quando nascemos e ao qual respondemos quando começamos algo novo por nossa própria iniciativa". Em suma, nascer é já ser capaz de instaurar novidade no mundo por meio da ação e, assim, atualizar a liberdade. Os homens não são politicamente seres para a morte, mas permanentes afirmadores da singularidade que o nascimento inaugura.

Apátridas e refugiados

De 1933, quando fugiu da Alemanha sem seus documentos, depois de ter sido presa por envolvimento com o sionismo, a 1951, quando recebeu a cidadania norte-americana, Hannah Arendt esteve na condição de apátrida. Ela aprendeu cedo que, no cenário europeu (e mundial) dos Estados-nação na época, não pertencer a uma comunidade significava efetivamente ser expulso da humanidade, como comunidade dos povos, e do lar que é o mundo.

Morando em Berlim, no início dos anos 1930, Hannah Arendt descobriu-se judia pela segunda vez, por meio dos sionistas. Impaciente com os intelectuais, que não pareciam compreender o progressivo agravamento da situação política, por caírem nas armadilhas de suas próprias construções, ela se engajou na resistência ao regime recém-instaurado. Como indicou mais tarde, não se podia estar surpreso ou chocado com a ascensão do nazismo em 1933, apoiado por grande parte do povo alemão, pois havia pelo menos quatro anos, desde as eleições para o Parlamento, que isso era uma evidência absoluta.

Inicialmente, Arendt encarregou-se de oferecer abrigo a perseguidos políticos, de todas as procedências, em fuga. A seguir, foi incumbida pelos sionistas, em 1933, de reunir material que evidenciasse a ampla ação anti-semita em instituições da sociedade civil alemã. Depois de ter reunido na Biblioteca do Estado Prussiano uma extensa coleção de documentos, foi presa e permaneceu detida por mais de uma semana. Quando libertada, graças à generosidade do policial alemão que a deteve, deixou a Alemanha imediatamente, seguindo enfim para Paris, depois de passar por Praga e Genebra. Doravante, as infortunas políticas tornaram-se seu destino pessoal.

Na França, Hannah Arendt conseguiu se empregar em uma organização que encaminhava crianças e adolescentes judeus da Alemanha para *kibutz* na Palestina. Em Paris, formou-se um círculo de judeus emigrados e outros personagens locais que foram fundamentais na condução de uma vida razoavelmente normal para uma apátrida. Graças a Raymond Aron — a quem ela admirava intelectualmente e por ele ter contribuído no acolhimento de perseguidos políticos —, pôde assistir aos afamados seminários de Alexandre Kojève sobre Hegel. Em 1936, passou a se reunir com um grupo que incluía Walter Benjamin, em cujo apartamento em geral se davam as reuniões, e Heinrich Blücher, seu segundo marido, proveniente da esquerda alemã e fundamental à sua compreensão da vida política, segundo seu próprio juízo.

Hannah Arendt conhecera Walter Benjamin em Berlim, com Günter Stern, seu primeiro marido, de quem ele era primo distante. Entretanto, apenas em Paris estabeleceram uma amizade à qual ela permaneceu profundamente ligada por toda a vida, dedicando a ele um dos seus mais belos textos, em *Homens em tempos sombrios*. Walter Benjamin deixou com Arendt, em Marselha, onde buscavam conseguir documentos a fim de emigrar para os Estados Unidos, vários de seus escritos, incluindo "Sobre o conceito de história", depois editado por Arendt, que exerceu uma influência marcante na sua compreensão da história e da tarefa do historiador.

Com Walter Benjamin, ela não apenas apreendeu uma nova compreensão da temporalidade, marcada pelas noções de ruptura, de origem e de descontinuidade, mas também constatou o caráter irreparável da quebra do fio da tradição e da perda de autoridade em sua época. Arendt partilhava com ele a convicção de que era preciso descobrir novas formas de relação com o passado, pois era um fato que a antiga teia a articular as histórias entre si estava definitivamente desfeita.

Segundo a autora, o perigo de toda filosofia da história, em sua obstinação com o progresso, é ver na história uma narrativa com vários fins e nenhum começo, quando de fato ela tem muitos começos e nenhum fim. O que tem um fim definido e um início a ser revelado são os eventos individuais, não a história como um todo, pois nesta cada fim é um novo começo. Como Benjamin, Arendt sustenta uma concepção da temporalidade fundada na descontinuidade do tempo histórico, que não é homogêneo como o dos relógios, mas *heterogêneo*, diferenciado; a história não se dá em um tempo linear homogêneo e vazio, mas em um tempo *saturado* (*erfült*) de "agoras" (*Jetztzeit*), que faz explodir o *continuum* da história.

Para Hannah Arendt, há uma estreita afinidade entre a ruptura da tradição e a figura do colecionador, a recolher os seus fragmentos e vestígios no amontoado de escombros do passado. Enquanto a tradição ordena o passado, não só cronologicamente, mas também sistematicamente, separando o positivo do negativo, o ortodoxo do herético, ou seja, discrimina, o colecionador nivela todas as diferenças, tendo como critério a autenticidade.

A coleção de citações de Benjamin revelou, segundo Hannah Arendt, um novo método de "perfuração", arrancando os fragmentos dos seus contextos, rearranjando-os e os alternando mutuamente, de modo que não pudessem revelar nada além de sua própria razão de ser. Nada da empatia (*Einfühlung*) do leitor ou do espectador ante um objeto de investigação, com uma mensagem pronta a ser transmitida: vem à mente a convicção de fundo de que os objetos do pensamento, particularmente os de natureza lingüística, conservam seu sentido e talvez o seu melhor sentido quando não referenciados exclusivamente ao homem. Hannah Arendt julga que o interesse de Benjamin pela linguagem, mesmo após a revisão teórica de suas convicções teológico-metafísicas, correspondia a seu propósito de investigar nas criações literárias uma forma cristalizada e irredutivelmente fragmentária. Também ele, como Friedrich Nietzsche e Martin Heidegger, teria compreendido a língua como "baluarte inexpugnável do passado".

Tendo como pano de fundo a ruptura definitiva do fio da tradição e como "método" uma técnica de desmontagem que é mais um conjunto de reflexões e conclusões sobre uma perda que é um fato, Hannah Arendt busca lidar com o passado. Em tal cenário, temos de pôr em movimento a nossa capacidade de julgar por conta própria, pois apenas assim "poderemos reclamar para nós nossa dignidade humana, resgatá-la, por assim dizer, da pseudodivindade chamada História na Era Moderna, sem negar a importância da história, mas negando-lhe o direito de ser o último juiz".

Os anos que Hannah Arendt passou em Paris foram marcados pela intensificação da perseguição aos judeus na Alemanha, com promulgação de leis restritivas da cidadania, da mobilidade e da propriedade. Todavia, quando foi deflagrada a Segunda Guerra Mundial, também a França deixou de ser um abrigo razoavelmente seguro. Arendt, seu marido, Heinrich Blücher, e a maior parte de seus amigos apátridas foram confinados em campos de internamento. Ao chegar aos Estados Unidos, ela pôde traduzir a triste verdade daqueles tempos sombrios no texto "Nós refugiados": a história contemporânea criou um novo tipo de ser humano, que é "colocado em campos de concentração pelos inimigos e em campos de internamento pelos amigos".

Hannah Arendt deixou o campo devido ao caos da ocupação alemã. Ela e o marido logo buscaram meios de conseguir emigrar e só o conseguiram graças à intervenção de seu primeiro marido, nos Estados Unidos. Benjamin também conseguira um visto norte-americano, mas não a autorização para deixar a França. Com a constante alteração da política com relação aos refugiados, mesmo aqueles poucos que portavam documentos tinham de partir em meio às brechas nos procedimentos. Assim, Arendt e Blücher esperaram por meses a mãe dela em Lisboa, e Benjamin cometeu suicídio ao constatar que a alfândega espanhola havia fechado no exato dia em que ele realizou sua fuga.

O tempo que Hannah Arendt passou no campo de Gurs, em 1940, foi talvez o mais exasperado de sua vida. Quando chegou aos Estados Unidos, entretanto, as dificuldades financeiras e de adaptação geral fizeram com que o novo mundo — no qual, em seu juízo de recém-chegada, a liberdade política convivia com a escravidão social — tardasse a se converter em um lar. Nos primeiros anos depois da chegada ao país, notadamente durante a guerra, viveu no círculo fechado e pávido dos refugiados judeus alemães. O tema principal de suas ocupações nesse período era a exortação à criação de um exército judaico, pois estava convencida de que um dos maiores infortúnios na história do povo judeu consistia no fato de que apenas seus inimigos tinham entendido a chamada questão judaica como uma questão política. Para além da calorosa solidariedade com os desvalidos, julgava que só se poderia afirmar a autonomia e a liberdade do povo judeu pela fundação de uma comunidade política.

Origens do totalitarismo

Quando Hannah Arendt começou a conceber *Origens do totalitarismo*, estava atônita em meio às primeiras informações comprovadas do extermínio em massa nas câmaras de gás dos campos de concentração, levado a cabo como "solução final" para a questão judaica. Ela se referirá doravante à fabricação de cadáveres nos campos como "o que não poderia ter acontecido". Entretanto, o próprio fato de que o impensável tornou-se um evento representou um desafio à compreensão, do qual não se poderia esquivar caso se almejasse a reconciliação com o mundo em que ocorreu tal catástrofe, tornando possível novamente a ação política e eventualmente impedindo o reaparecimento de um evento análogo no futuro. Compreender, diz ela no prefácio do livro, significa examinar e suportar conscientemente o fardo que o nosso tempo colocou sobre nós, nem negando sua existência, nem nos curvando mansamente sob seu peso, ou seja, encarar a realidade e resistir a ela, não importa qual seja.

O livro, escrito ante um pano de fundo de temerários otimismo e desespero, volta-se sobre as ruínas do mundo político e espiritual no pós-guerra, com a convicção de que o próprio processo de desintegração tem de ser convertido em um desafio, e não no ambiente onde atarefadamente conduzimos nossas vidas privadas. Com os olhos voltados para o século XIX, quando tiveram origem em meio à afirmação da burguesia os elementos que se cristalizaram no totalitarismo alemão no século XX, Hannah Arendt busca compreender o que chama de "irritante incompatibilidade" entre o poder do homem moderno, elevado a ponto de colocar em questão a existência de seu próprio universo, e sua inaptidão para compreender e viver no mundo estabelecido por sua própria capacidade.

Elementos da dominação total. O anti-semitismo, o imperialismo e o totalitarismo, assinalando uma progressiva acentuação da brutalidade, demonstraram que a dignidade humana carece de uma nova garantia em nossos tempos. Para Hannah Arendt, apenas com um novo princípio político poderemos conceber a salvaguarda de uma tal dignidade, pois com o totalitarismo "a corrente subterrânea da história universal finalmente brotou na superfície e usurpou a dignidade de nossa tradição". Essa dignidade só pode ser recobrada no presente se a assumirmos como uma tarefa política.

O que resta compreender do anti-semitismo como um dos elementos que se cristalizaram no totalitarismo é como uma questão a princípio marginal na política mundial pôde catalisar o movimento nazista, uma guerra mundial e a construção de fábricas da morte. O que é propriamente novo na interpretação arendtiana do anti-semitismo é a sua distinção entre um anti-semitismo moderno (político) e outro tradicional (de base religiosa).

Compreender o anti-semitismo significa explicitar as razões pelas quais os judeus, e não outro grupo, foram o alvo do ódio e do extermínio. Nesse sentido, Hannah Arendt rejeitava tanto aquelas interpretações que sustentavam que os judeus eram meros bodes expiatórios quanto as que defendiam que a perseguição aos judeus resultava do ódio eterno a eles, porque ambas as direções implicavam uma recusa em considerar como a história moderna do judaísmo se entrelaçava com a história moderna da Europa. Ela mencionava um gracejo popular depois da Primeira Guerra Mundial. Um anti-semita dirige-se a seu interlocutor, afirma que os judeus causaram a guerra e ouve a seguinte resposta: sim, os judeus e os ciclistas. Por que os ciclistas?, indaga o anti-semita. Por que os judeus?, indaga o outro.

Não se trata de inculpar as vítimas nem de sustentar a sua completa inocência, mas de compreender as razões de sua eleição. Hannah Arendt afirma que, para compreendermos a concomitância do crescimento moderno do anti-semitismo com o processo de assimilação judaica, por um lado, e do declínio de uma Europa organizada em nações com o extermínio dos judeus, por outro, temos de examinar a posição dos judeus alemães nos séculos XVIII e XIX, no interstício entre Estado e sociedade civil. No século XVII, os judeus financiaram a expansão do Estado e com isso foram contemplados na igualdade jurídica e política das nações, sem, entretanto, desfrutar uma posição clara e definida na sociedade. Todavia, com a consolidação do imperialismo, a solapar os fundamentos do Estado-nação, foi canalizado para os judeus o mesmo ódio difuso votado pelos franceses à aristocracia, como portadora de uma "riqueza inútil", que não se traduz em poder político. Nessa inutilidade de uma riqueza não produtiva nem poderosa, Hannah Arendt localiza os elementos originários da compreensão corrente no totalitarismo nazista da superfluidade dos judeus.

A compreensão usual do anti-semitismo moderno como resultado do eterno ódio aos judeus, por sua vez, apenas acentuaria a admissão dos judeus como as eternas vítimas. Hannah Arendt julgava que, como qualquer povo na história, os judeus não eram meros sofredores, mas também agentes que, de um modo ou de outro, responderam às iniciativas dos outros povos. Os judeus, diz ela, oferecem a imagem de um povo historicamente único por evitar qualquer ação política por quase dois milênios. A incompreensão do caráter político de sua situação na modernidade, assimilável a uma inabilidade com os fenômenos políticos, teria minado a capacidade de compreender os perigos sem precedentes que os espreitavam. O acosmismo e a apolitia são um convite à ingenuidade. Tais juízos, que invitam os vitimados a se responsabilizarem politicamente por si próprios, estão na origem dos problemas que ela veio a ter com a comunidade judaica depois do seu livro *Eichmann em Jerusalém — um relato sobre a banalidade do mal* e das incompreensões que envolveram essa obra.

Hannah Arendt nota que o evento mais importante na Europa do período imperialista foi a ascensão política da burguesia — a primeira classe na história a obter supremacia econômica sem pretender poder político. Para ela, o declínio do Estado-nação durante o século XIX se deveu em grande parte ao fato de ele não poder, por sua própria natureza, atender aos anseios burgueses por expansão ilimitada. O imperialismo surgiu quando a burguesia insurgiu-se contra as limitações nacionais à sua expansão econômica e passou a sustentar que a expansão é o objetivo supremo e permanente da política. Como a estrutura política, ao contrário da econômica, não pode se expandir indefinidamente, o Estado, baseado de um modo ou de outro no consentimento genuíno da nação, operou como um obstáculo às pretensões burguesas de hegemonia. Instaurou-se então uma disputa pelo poder entre a burguesia e o Estado, cujo resultado foi a destruição do Estado-nação.

A apatia resultante do individualismo compromete a cidadania dos membros da sociedade burguesa, assinala Hannah Arendt, mas mantém intacta sua personalidade, ao menos enquanto permite que sobrevivam na luta competitiva pela vida. A burguesia opera, desse modo, como um obstáculo aos movimentos totalitários, que não toleram o individualismo burguês ou qualquer outro.

Quando examina os elementos que se constituíram em precedentes da dominação total, entretanto, Arendt reserva um espaço privilegiado ao tipo burguês, cujo privatismo se afirmava de tal modo que, desde que o Estado assegurasse as suas posses e o processo que permitia o progressivo acúmulo de riqueza e propriedade, não despertaria qualquer resistência ou oposição da burguesia como classe. Com efeito, para esses indivíduos, que se compreendiam antes de tudo como pessoas privadas, o Estado sempre representou apenas uma força policial bem organizada. Quando se ocupa das questões que concernem a muitos, esse indivíduo visa ainda apenas ao seu interesse. Assim, para o burguês, a vida pública se apresenta sob o aspecto enganoso de uma soma de interesses privados, como se pela mera adição pudessem adquirir uma nova qualidade.

O imperialismo, mais que uma mera fase do capitalismo, é o primeiro estágio do domínio político da burguesia. Ao exportar riqueza e mão-de-obra excedente, a expansão pela expansão parecia ter se convertido em um remédio permanente para um mal permanente: a acumulação crescente de capital e o progressivo engendramento de pessoas supérfluas. Com efeito, diz Hannah Arendt, "mais antigo que a riqueza supérflua foi um outro subproduto da produção capitalista: o entulho humano que toda crise, seguindo-se invariavelmente a cada período de crescimento industrial, eliminou permanentemente da sociedade produtiva". O fato novo do imperialismo foi a exportação desses dois elementos supérfluos. Aliada ao declínio do Estado-nação e ao racismo pseudocientífico, que ideologicamente justificava o expansionismo imperialista na segunda metade do século XIX, essa permanente fabricação da superfluidade configurou um cenário político catastrófico antes mesmo da ascensão do totalitarismo.

O paradoxo dos direitos humanos. A constituição do Estado-nação na Europa desde a Revolução Francesa, na paradoxal aliança entre direitos humanos universais e poder soberano (acima de toda lei), deu-se com o deslocamento dos direitos do cidadão para os direitos do homem, o que admitia, contraditoriamente, declarar os direitos humanos universais e promulgar leis contra os estrangeiros. Não foi outra a razão de haver um número cada vez maior de pessoas que não podiam ser assimiladas em parte alguma, quando eclodiu a Primeira Guerra Mundial, e a comunidade dos países europeus se desfez. Quando a inflação, o desemprego e as guerras civis fizeram com que uma infinidade de grupos humanos abandonasse seus locais de origem, revelou-se o esqueleto do sistema político da civilização européia; e o que se viu foi o sofrimento de um número cada vez maior de pessoas, às quais não se aplicavam as regras do mundo que as rodeava. Quando deixavam sua nação, tornavam-se apátridas; privadas de seus direitos humanos, convertiam-se na escória da Terra.

O ódio difuso decorrente da desintegração geral da vida política no período entre as guerras agravou a inabilidade das nações para lidar com dois novos grupos de vítimas, os apátridas e as minorias, a quem foram negados os direitos humanos universais logo que perderam os seus direitos nacionais. Com efeito, diz Hannah Arendt, "a própria expressão 'direitos humanos' tornou-se para todos os concernidos — vítimas, opressores e espectadores — a evidência de um idealismo desesperado ou de uma hipocrisia débil e hesitante".

A condição dos apátridas, não coberta por qualquer ordenamento jurídico (nem mesmo pelo direito de asilo) e tratada como caso de polícia, revelou que o próprio Estado-nação se mostrou incapaz de efetivar o seu princípio básico da igualdade perante a lei. No período entre as guerras, quando os chamados deslocados de guerra se juntaram ao contingente permanentemente renovado de mão-de-obra supérflua, vagaram na Terra grupos humanos desamparados por qualquer direito, despidos de qualquer personalidade jurídica. A compreensão dos direitos humanos baseada na suposição da existência de um ser humano enquanto tal sucumbiu logo que em toda parte surgiam indivíduos que não exibiam nenhuma qualidade específica, apenas o fato de serem ainda humanos.

O mundo "não encontrou nada de sagrado na abstrata nudez de ser humano". Pelo contrário, essa nudez abstrata consistia no maior risco que corriam os sobreviventes dos campos de extermínio, os internos dos campos de concentração e de internamento e os apátridas — destituídos da cidadania que representava o último laço a ligá-los à humanidade. O paradoxo dos direitos humanos "inalienáveis", tal como compreendidos pelos idealistas bem-intencionados, instaurava-se justamente com a evidência factual da existência de seres humanos sem direito algum. O paradoxo dos direitos humanos diz respeito ao fato de sua perda coincidir com o momento em que o indivíduo se torna um ser humano em geral.

A calamidade dos que não têm direitos provém, para Hannah Arendt, do fato de que não mais pertencem a qualquer comunidade; em suma, de não serem contemplados por qualquer lei nem poderem agir em um mundo comum. Ser privado de um lugar no mundo é a mais fundamental privação dos direitos humanos. O direito fundamental a ter direitos — a viver em uma comunidade organizada onde se é julgado por ações e opiniões — firmou-se quando milhões de pessoas foram extremamente degradadas justamente por não poderem recorrer a qualquer proteção jurídica. Com a humanidade organizada globalmente, a perda do lar e de status político pelo indivíduo converteu-se em uma completa expulsão da comunidade dos homens.

Com o colapso do sistema de classes, devido à instabilidade econômica do século XIX, o próprio sistema partidário, que representava interesses específicos das classes, foi posto em questão. Os partidos tornaram-se então progressivamente psicológicos e ideológicos. Entretanto, o que indicou claramente o colapso do sistema partidário da Europa continental não foi a deserção dos antigos membros, mas a incapacidade de recrutar membros da geração mais jovem e a perda do apoio e do consentimento silenciosos das massas desorganizadas.

Hannah Arendt observa que o êxito dos movimentos totalitários entre as massas fez caírem por terra duas ilusões que acompanhavam os países democráticos e particularmente os Estados-nação europeus e seus sistemas partidários. De um lado, ficou claro que as regras instituídas nos países democráticos podiam ser reconhecidas ativamente apenas por uma minoria; de outro, que a indiferença e a tolerância silenciosa das massas de fato importam ao destino da democracia e da nação.

Antes mesmo do advento dos movimentos totalitários, as massas modernas perderam um lugar próprio, vivenciaram cada vez mais o desarraigamento, o sentimento da própria superfluidade e a sensação de quem já não pertence ao mundo de forma alguma. Para Hannah Arendt, a psicologia do homem de massa desenvolveu-se na Europa com o colapso do sistema de classes, quando a sensação de ser dispensável tornou-se um fenômeno de massa. Esse autoabandono, em flagrante oposição ao interesse próprio burguês, é potencialmente devastador se canalizado para o domínio político, como demonstrou o totalitarismo.

O totalitarismo e os campos de concentração. Na primeira edição de seu livro sobre as origens do totalitarismo, Hannah Arendt principia a seção conclusiva afirmando que "os campos de concentração e de extermínio dos regimes totalitários servem como laboratórios onde se verifica sua crença fundamental de que tudo é possível" — e, por isso mesmo, "por mais incrível que pareça, os campos são a verdadeira instituição central do poder organizacional totalitário". Não obstante os campos de concentração não serem uma invenção do totalitarismo, representaram fundamentalmente esse projeto, enquanto fábricas da morte e poços de esquecimento, cuja tarefa era a destruição programada de seres humanos.

A novidade dessa forma de governo é a destruição da própria vida política e de suas possibilidades por meio de uma forma extrema de dominação pelo terror, a qual torna efetiva a afirmação ideológica de que tudo é possível, inclusive a "aceleração" das "leis naturais de seleção". Tendo em consideração principalmente quanto o totalitarismo combate toda forma de espontaneidade é que se pode compreender quanto ele representa a morte da política. A exploração dos limites do sofrimento corporal e o isolamento a que eram sujeitos os internos foram as formas elementares de destruição de qualquer traço individual distintivo. Na interpretação arendtiana, a conversão de uma personalidade, que sofre os influxos do meio e, ao mesmo tempo, toma iniciativas, em um morto-vivo, em um feixe de reações, é um projeto claro da dominação totalitária, por meio dos campos de concentração.

O regime totalitário busca ainda, por meio do chamado cinturão de ferro instaurado pelo terror, comprimir os homens em uma unidade e eliminar as possibilidades que se instauram com cada nascimento. Suprimindo toda possibilidade de ação e dissolvendo toda forma de espaço entre os homens, o totalitarismo representa, mais que um novo regime, a destruição da política. Ele promove o acosmismo e a apolitia, além de destruir as condições de possibilidade da política: o domínio público, a pluralidade, a liberdade, a ação, o poder. Nesse sentido, os campos de concentração, como instituição central da dominação totalitária, evidenciam, na sua maquinaria de diluição das fronteiras da individuação e de produção da superfluidade, quanto o totalitarismo é o exato oposto do que Hannah Arendt compreende por política.

Visto que o terror totalitário, como potencialidade e risco sempre presente, provavelmente permanecerá conosco de agora em diante, com as atuais perspectivas técnicas de controle da espontaneidade e das próprias possibilidades de cada nascimento, mesmo aquela garantia, mencionada por Hannah Arendt, de que cada fim represente um novo começo, mesmo a garantia de que um começo possa firmar-se antes que o terror devaste o mundo que conhecemos, está profundamente em risco. Na tentativa da ciência de tornar a própria vida um produto artificial, no intuito de controlar as possibilidades da vida humana na construção do homem futuro e na busca por prolongar a vida humana indefinidamente, temos os vislumbres da possível ruptura com a compreensão do homem como mais um filho da natureza na direção de uma autoprodução — que pode de fato implicar autodestruição.

A condição humana

Hannah Arendt tornou-se amplamente conhecida na cena acadêmica norte-americana, européia e depois mundial a partir da publicação do seu livro *Origens do totalitarismo*, em 1951, mas foi com *A condição humana*, de 1958, que ela passou a ser reconhecida como uma das mais vigorosas pensadoras políticas de nosso tempo. O que vincula suas duas principais obras, entre outros aspectos significativos, é a constatação de que o enfraquecimento, o desaparecimento ou a perda de especificidade do espaço público redundam em uma fragilização do domínio político ante os constantes ataques que lhe são desferidos, movidos pelo interesse por usurpá-lo ou por provocar o seu esfacelamento. O conceito de espaço público é essencial à compreensão da obra de Hannah Arendt e do seu significado para o pensamento político contemporâneo.

Depois de publicar *Origens do totalitarismo*, Hannah Arendt dedicou-se a compreender o domínio político e, fundamentalmente, seu significado e seu espaço na modernidade. A partir do texto "Ideologia e terror: uma nova forma de governo", escrito em 1953 e adicionado à segunda edição de *Origens do totalitarismo* (1958), Hannah Arendt se lança à investigação dos elementos totalitários no marxismo. Tal preocupação proveio em grande parte das críticas ao tratamento desigual do stalinismo em sua obra de 1951 — parcialmente compensado pelo prefácio acrescentado à terceira parte do livro na edição de 1966 — e também das desconcertante adesão de importantes pensadores alemães ao nazismo, acompanhada de tentativas de legitimação (jurídica, ontológica etc.) da dominação totalitária.

Após a publicação de *Origens do totalitarismo*, Hannah Arendt visava à edição de um livro intitulado *Elementos totalitários no marxismo*. Com o desenvolvimento de sua investigação, ela ficou cada vez mais convicta de que Marx estava firmemente inserido na tradição, como também era seu acabamento (tendo a seu lado, nesse caso, Nietzsche e Kierkegaard). Arendt afirma, com efeito, em *Entre o passado e o futuro* (1961), que "a tradição de nosso pensamento político teve seu início definido nos ensinamentos de Platão e Aristóteles. Creio que ela chegou a um fim não menos definido nas teorias de Karl Marx", que manifestavam a intenção de abjurar a filosofia e buscar realizá-la na política. Por conseguinte, para compreender o lugar de Marx, era necessário compreender a própria tradição, assim como a relação da tradição com o fenômeno totalitário.

A hipótese de Hannah Arendt, mais bem desenvolvida posteriormente em *A condição humana*, é a de que a ruptura de Marx com a tradição da filosofia, partindo da *theoría*, ou contemplação, em direção à *práxis*, ou ação, não se traduziu em uma recusa da compreensão da *práxis* como *poiésis*, da ação como fabricação, nem redundou no reconhecimento da dignidade própria ao domínio político. Para ela, o marxismo pôde ser desdobrado em uma ideologia totalitária fundamentalmente por sua incompreensão da ação política como fabricação da história. Como conseqüência de suas análises e hipóteses, ela altera o título do projeto original para *Karl Marx e a tradição do pensamento político ocidental*. O livro nunca foi concluído, mas a influência dessas incursões, que resultaram em inúmeros textos escritos e reescritos, se faz notar em obras como *Entre o passado e o futuro*, *Sobre a revolução* (1963) e, principalmente, *A condição humana*.

Arendt sempre buscou se acautelar de uma associação com os antimarxistas, ex-comunistas e afins, assim como de qualquer forma de atribuição a Karl Marx da responsabilidade pelo totalitarismo, não apenas por intentar não fortalecer o macarthismo, em pleno vigor por ocasião de seu exame do marxismo, mas também por uma preocupação com a especificidade do conceito de *totalitarismo*, que não poderia ser simplesmente remetido a Marx ou a Platão, como sustentou em *Origens do totalitarismo*. As críticas de Arendt a Marx — que partem principalmente das declarações marxianas de que "*o trabalho é o criador do homem*" e "*a violência é parteira da história*" — constituem um movimento complexo, profícuo e controverso do seu pensamento e seguramente demandam uma discussão mais ampla.

Trabalho, obra, ação. No prefácio de *A condição humana*, Hannah Arendt já anuncia que seu propósito não era fornecer respostas teóricas às perplexidades do nosso tempo, mas pensar o que estamos fazendo e reconsiderar a condição humana a partir de nossas experiências e nossos temores mais recentes. Isso significa, antes de tudo, considerar as implicações das transformações operadas no domínio político e da vitória do *animal laborans*, da conversão do trabalhador em modelo do humano, para a compreensão da vida humana e para o domínio político.

No exame da *vita activa* feito em *A condição humana* há três termos: as condições da existência humana, as atividades humanas e a localização dessas atividades. As condições são a vida (em seu sentido puramente biológico), a natalidade e a mortalidade que lhe são inerentes, a mundanidade, a pluralidade e o planeta Terra. As atividades são o trabalho, a fabricação e a ação, relacionadas, por sua vez, às condições da existência humana, como veremos. Os espaços das atividades são o privado, o público e o social. A partir das transformações nas relações entre esses termos, Hannah Arendt leva a cabo uma das mais agudas interpretações críticas da modernidade.

A atividade do trabalho (*labor*) corresponde ao processo biológico do corpo humano e consiste no metabolismo do homem com a natureza, em vista da satisfação das necessidades permanentemente repostas no processo vital. Da interação do homem com a natureza por meio do trabalho não resta qualquer vestígio duradouro. O trabalho apenas preserva a vida no eterno ciclo de esgotamento e regeneração, de produção e de consumo. A vida, em seu sentido puramente biológico, é a condição humana do trabalho. A obra ou fabricação (*work* ou *fabrication*), por sua vez, produz um mundo artificial de coisas, diferente de qualquer ambiente natural. Da interação do homem com a natureza por meio da fabricação, por seu turno, surgem objetos para serem usados e que, por conseguinte, portam uma durabilidade de que não desfrutam os produtos do trabalho, feitos para serem consumidos. A obra corresponde ao caráter não-natural da existência humana, cuja mortalidade é redimida não pelo sempre recorrente ciclo vital da espécie, mas pela produção de um mundo de coisas cuja duração tende sempre a ultrapassar o tempo da vida dos próprios fabricantes. A condição humana da obra é a mundanidade.

A ação, por fim, é a única atividade que se dá diretamente entre os homens, sem mediação de qualquer objeto natural ou coisa fabricada, e corresponde à condição humana da pluralidade. Essa noção de que a pluralidade é a condição mesma da vida política é muito cara a Hannah Arendt. A ação corresponde ao fato de que os homens, no plural, habitam o mundo — ao próprio fato de que somos todos humanos, mas de tal modo que não somos idênticos a ninguém que jamais viveu, vive ou viverá. A pluralidade é, portanto, ao mesmo tempo igualdade e distinção. A ação tanto depende da pluralidade quanto a afirma, pois, ao agir, o indivíduo confirma sua singularidade e aparece a outros indivíduos únicos.

O que constitui o artifício humano e garante a durabilidade do mundo é a obra, a atividade do fabricante (*homo faber*) de "operar sobre" os materiais, em contraposição ao trabalho, a atividade do trabalhador (*animal laborans*), que se mistura com os materiais. Muito embora o produto da atividade do *homo faber* se desgaste com o uso que dele fazemos, ele não é consumido no próprio processo vital, tal como se dá com os produtos do trabalho. A diferença entre fabricação e trabalho é equivalente à distinção entre o uso e o consumo, entre o desgaste e a destruição. Embora o uso tenha como conseqüência o desgaste dos produtos da fabricação, estes não são produzidos para serem desgastados, mas para serem usados; o desgaste provocado pelo uso atinge diretamente a durabilidade do produto, mas como efeito colateral. As coisas destinadas ao consumo, no entanto, são destruídas no mesmo momento em que se servem delas. Elas são integralmente absorvidas no ciclo vital de sobrevivência do organismo humano: são digeridas. Enquanto a durabilidade empresta uma certa independência aos objetos em relação ao homem que os produziu e os utiliza, a assimilação dos produtos destinados ao consumo pelos organismos vivos os priva de qualquer existência independente, objetiva.

O *animal laborans*, por sua atividade e suas aspirações, não sabe como construir um mundo nem cuidar bem do mundo criado pelo *homo faber*. Os produtos do trabalho, do metabolismo do homem com a natureza, não demoram no mundo o tempo suficiente para se tornarem parte dele; do mesmo modo, a atividade do trabalho, atenta somente ao ritmo das necessidades biológicas, é indiferente ao mundo ou sem mundo, compreendido como artifício humano. A

Era Moderna, pensa Hannah Arendt, é o tempo da vitória do *animal laborans* sobre o *homo faber*. Mesmo a atividade da fabricação é tragada pelo ritmo das máquinas nas linhas de produção e montagem e assimilada à atividade do trabalho. A vitória do *animal laborans*, do trabalhador, é o triunfo do consumo sobre o uso, do metabolismo sobre a durabilidade das coisas, da necessidade sobre o mundo, da vida sobre a imortalidade. Nada mais desolador, se considerarmos como Hannah Arendt, que "a tarefa e a grandeza potencial dos mortais repousam em sua capacidade de produzir coisas — obras e feitos e palavras — que mereceriam estar em casa na eternidade, e em certa medida estão, de modo que através delas os mortais pudessem encontrar seu lugar em um cosmos onde tudo é imortal, exceto eles próprios".

O público, o privado, o social. Em *A condição humana*, Hannah Arendt estabelece uma rígida distinção entre as esferas pública e privada, inspirada principalmente por sua interpretação do significado da *pólis* grega e do pensamento político de Aristóteles. Ela indica, com efeito, que provavelmente o surgimento da *pólis* representou algum sacrifício da esfera privada da família e do lar; não obstante, assinala ainda que, se a pólis não violou as vidas privadas de seus cidadãos, não foi por respeito à propriedade privada, como agora a concebemos, mas pela compreensão de que ter um lugar no mundo, ao qual representar e do qual retirar o necessário à liberação das necessidades, era indispensável à participação do cidadão nos assuntos públicos. O distintivo da vida doméstica é o convívio compelido pelas carências e necessidades relacionadas à conservação da vida. A *pólis*, por seu turno, era a esfera da liberdade onde se conheciam exclusivamente iguais — onde ser livre significava estar ao mesmo tempo liberado da tarefa de atender às necessidades da vida e da obrigação de comandar e de ser comandado.

Ainda que se possa estabelecer um vínculo entre vida privada e vida pública a partir da liberação das necessidades, pressuposta para a conquista da liberdade no domínio político, Hannah Arendt enfatiza a imprescindível distinção entre o princípio que orienta a vida privada e o que norteia a vida pública: entre a necessidade e a liberdade. Aristóteles, logo no início de sua *Política*, ironiza aqueles que pensam que as características de um estadista ou de um rei só se distinguem daquelas de um pai de família ou de um senhor de escravos pela quantidade dos que lhes estão sujeitos, e não qualitativamente. Mais adiante, no sétimo capítulo do primeiro livro, assinala que a diferença fundamental entre o governo despótico e o poder político se assenta antes de tudo na distinção entre servidão e liberdade.

Interessa notar que Hannah Arendt tinha bastante claro o seguinte:

> De acordo com o pensamento grego, a capacidade humana para a organização política é não apenas diferente daquela associação natural cujo centro é o lar (*oikia*) e a família, mas se põe em oposição direta a ela. A ascensão da cidade-Estado significou que o homem recebera "em acréscimo a sua vida privada uma espécie de segunda

> vida, seu *bios politikos*. Agora cada cidadão pertencia a duas ordens de existência; e há uma aguda distinção em sua vida entre o que lhe é próprio (*idion*) e o que é comum (*koinon*)" [W. Jaeger].

Um dos elementos mais significativos, e por vezes incômodo, para a compreensão de *A condição humana* é a análise arendtiana da ascensão do social na modernidade, que teria como efeito a dissolução ou a usurpação da esfera pública. Na moderna concepção de sociedade se estabelece uma profunda confusão entre a esfera da vida pública e a esfera privada, devido à ascensão do social. Com efeito, Hannah Arendt julga que na modernidade desapareceu o abismo que os antigos tinham de cruzar diariamente para suplantar a limitada esfera do lar e alcançar a esfera da política. Justamente por isso a coragem era a virtude política por excelência, pois deixar a proteção do lar, em que se defende em segurança a vida, e adentrar na esfera pública, em que se devia de antemão estar disposto a arriscar a própria vida e se expor à insegurança de uma livre interação entre iguais, exige coragem — um excessivo amor à vida era um obstáculo à afirmação da liberdade e um claro sinal de covardia, como assinalava Aristóteles.

O que marca a consolidação do mundo moderno, na avaliação de Arendt, é uma progressiva indistinção entre as esferas social e política, com a conseqüente ascensão da vida privada ou das atividades econômicas ao domínio público. Na esfera social, os interesses privados reclamam significação pública. O que caracteriza a atitude moderna é a compreensão da política como uma função da sociedade, com a implicação fundamental de que as questões eminentemente privadas da sobrevivência e da aquisição transformaram-se em interesse coletivo, ainda que nunca se possa falar de fato de tal interesse como sendo público.

O advento de uma esfera híbrida como a social acaba por promover uma indistinção entre os domínios público e privado e o deslocamento de princípios de um a outro, constituindo-se como uma interseção a minar as possibilidades de felicidade pública ou privada. Para Hannah Arendt, a busca de satisfação dos interesses privados no domínio público é tão danosa quanto a pretensão dos governos de controlar a vida privada dos cidadãos. A voracidade da esfera social por expansão acaba por confinar a esfera privada à intimidade e restringir as possibilidades da ação na esfera pública, em vista da estabilidade necessária à preservação da vida e dos processos de acumulação. Entretanto, a publicação do íntimo não o torna público, nem remedeia a perda de grandeza, da possibilidade de desfrutar aquilo que, ao menos desde o século XVIII, se chamava de *felicidade pública*, a compensar o eventual sacrifício necessário dos interesses individuais em vista do bem comum.

Hannah Arendt reconhece que em cada uma das questões sociais "há uma dupla face". O que ela não deixa claro é o mecanismo ou o procedimento por meio do qual as questões sociais que possuem relevância para a coletividade, e cuja solução é pressuposta no pleno exercício da cidadania, possam ser admitidas no domínio político sem provocar a sua ruína ou se converter em uma usurpação do espaço público por interesses privados. Enfim, cabe compreender como conciliar espaço político e justiça ou como organizar a comunidade política de modo que todos os cidadãos estejam aptos para se liberarem das solicitações do processo vital e desfrutar a felicidade pública.

A vitória do *animal laborans* — a supremacia do trabalhador sobre o fabricante e o homem de ação, como descrita em *A condição humana* — traduz o apequenamento da estatura e dos horizontes do homem moderno, para quem a felicidade se mostra como saciedade, e não como grandeza ou perfeição. O triunfo do "princípio da felicidade" e a conseqüente glorificação da vida se mostram como antípodas do princípio do iniciar, do princípio da liberdade de que fala Arendt. O que está em questão, enfim, "é que uma sociedade de consumidores possivelmente não é capaz de saber como cuidar de um mundo e das coisas que pertencem de modo exclusivo ao espaço das aparências mundanas, visto que sua atitude central em relação a todos os objetos, a atitude de consumo, condena à ruína tudo em que toca". Esse é um dos sentidos politicamente mais profundos de pensar o que estamos fazendo.

Um relato sobre a banalidade do mal

Desde que Hannah Arendt acompanhou, como repórter da revista *The New Yorker*, o julgamento de Adolf Eichmann em Jerusalém, em 1961, no qual foi acusado de crimes de guerra e crimes contra o povo judeu e a humanidade, ela foi tomada pela questão acerca do modo como se dá a relação entre pensamento e moralidade — não apenas se a ausência de pensamento pode contribuir para que se dê o mal em sua forma extrema, ilimitada, banal, mas também se de algum modo o pensamento pode evitá-lo. O que a espantou foi a constrangedora superficialidade da figura de Eichmann, afastando-o de tal modo da imagem dos grandes vilões que se tornou difícil ver nele um monstro capaz de cometer um mal absoluto. Além da consideração da culpabilidade de Eichmann, o que para Hannah Arendt estava fora de questão, ela buscou vislumbrar, a partir das limitações desse homem comum e assustador, as possibilidades de evitar o mal.

Hannah Arendt conclui o seu estudo sobre *Origens do totalitarismo*, na sua primeira edição, com uma referência peculiar ao conceito de "mal radical" em Kant. Ela desloca completamente o conceito da filosofia moral kantiana e o identifica com o que ela julga ser o mal absoluto, a produção de seres humanos supérfluos. Assim, em vez de ser uma propensão a abrir exceções na lei moral em nome do amor-próprio (Kant), o mal radical seria mais propriamente a cristalização de males extremos e mesmo impensáveis.

Uma década mais tarde, Hannah Arendt reflete novamente sobre o problema do mal, no livro *Eichmann em Jerusalém — um relato sobre a banalidade do mal* (1963). Nessa obra, que para ela era uma reportagem, se auto-censura por ter feito uso do termo *mal radical* para descrever os crimes cometidos sob o terror totalitário. Ela julgava que um dos pontos fundamentais a pôr esse livro em conflito com

Origens do totalitarismo era o contraste entre as expressões *mal radical* e *banalidade do mal*.

A imagem de Eichmann como uma figura comum, e mesmo banal, a pensar por clichês, com sua presteza para obedecer a qualquer voz imperativa e de quem não se poderia extrair qualquer profundidade diabólica, fez com que Hannah Arendt mudasse de idéia e deixasse de utilizar o termo "mal radical", que na sua compreensão poderia sugerir uma radicalidade que de fato os perpetradores desses crimes não necessariamente possuíam. Quando ela passa a utilizar a expressão "banalidade do mal", embora afirme estar em um nível "estritamente factual", já tem consciência de grande parte das implicações teóricas dessa compreensão dos crimes perpetrados pelos regimes totalitários. Todavia, não poderia esperar que a recepção fosse tão negativa e hostil. De fato, dois temas tornaram esse livro o mais comentado e combatido dos anos 1960 nos Estados Unidos: a indicação de que, sem a cooperação de grande parte da liderança judaica, a catástrofe dos judeus poderia ter sido menor (ela cita o contra-exemplo da Dinamarca, onde a não-cooperação reduziu drasticamente o número de vítimas); e a atestação da banalidade do mal em Adolf Eichmann.

Hannah Arendt considera Eichmann um personagem banal não apenas por ser uma figura comum, sem qualquer traço distintivo, mas principalmente por ser incapaz de reflexão, de pensar sem um regulamento. Todavia, do mesmo modo que ela rejeitava a idéia de que ele era um monstro demoníaco, evitava fazer um relato de sua personalidade que pudesse sugerir ser ele um néscio. Estava em questão o fato de ele ser uma pessoa normal, como fora atestado pelos exames de sanidade que lhe foram feitos — o sacerdote que o visitou na prisão teria dito que ele era "um homem de idéias muito positivas" —, mas de modo algum no sentido de que possa haver "um Eichmann em cada um de nós", e sim no sentido de que ele não tinha qualquer atributo distintivo, exceto talvez sua capacidade de organizar e negociar e a sua férrea obediência. Era movido ainda por um desejo, conjugado a ressentimentos, por se ver promovido em vista de sua lealdade e de sua eficiência no desempenho de suas atribuições. De qualquer modo, isso ainda pode ser visto em qualquer organização burocrática, ou mesmo na própria estrutura de empresas privadas ou públicas; e esse desejo por ascensão social e profissional é algo não apenas aceito mas socialmente louvado.

A incapacidade de reflexão e de pensar considerando o ponto de vista do outro, já mencionada por Hannah Arendt no final de *Origens do totalitarismo* como sendo uma conseqüência do acesso ao mundo apenas pela força autocoerciva da lógica ou da ideologia, é que estaria por trás de todos esses atos monstruosos, para cuja perpetração a maldade assentada no interesse próprio ou no egoísmo não parece ser necessária. A tese sustentada por Hannah Arendt a esse respeito, que tanta polêmica gerou e ainda gera, é a de que Eichmann e os muitos como ele não eram pervertidos, mas "terrível e assustadoramente normais". Eichmann não representa, entretanto, apenas um tipo de criminoso com problemas de caráter que se podem encontrar em pessoas comuns e normais. Ainda que ele não fosse propriamente um monstro, representava uma espécie totalmente nova de criminoso, não apenas por ser um burocrata que efetivamente não sujou suas mãos com o sangue de suas vítimas, mas porque os crimes perpetrados por ele e seus pares foram de fato extremos e sem precedentes.

Uma das principais decorrências da sua interpretação é a consideração de que o indivíduo comum, banal, cumpridor de deveres, distanciado da realidade, privado do mundo comum e incapaz de reflexão, não é inofensivo. O que incomodou na sua análise, entre outros aspectos, foi justamente o fato de ela ter concebido uma teoria na qual o perpetrador do mal possivelmente não possui qualquer diferença essencial com relação às suas vítimas. O desapego das massas e a sua distância da realidade, já assinalados em *Origens do totalitarismo*, formam o ingrediente básico desse tipo totalmente novo de criminoso, e, segundo Arendt, podem "gerar mais devastação do que todos os maus instintos juntos — talvez inerentes ao homem; essa é, de fato, a lição que se pode aprender com o julgamento de Jerusalém". O mal ao qual ela se refere não coincide com o pecado, que é tema da religião, nem com a maldade dos grandes vilões da literatura, que agiram habitualmente por inveja ou ressentimento, mas diz respeito a gente que não é perversa e que, exatamente por não ter motivos especiais, é capaz de um mal *infinito*. Um mal dessa natureza não tem profundidade, mas pode se espraiar indefinidamente, como um fungo sobre a superfície, e devastar o mundo.

Do ponto de vista moral, quando Hannah Arendt destacou a irreflexão de Eichmann, não visava torná-lo menos imputável. Mesmo quando chamava a atenção para as questões morais deflagradas pela explícita banalidade dessa figura humana, não buscou isentá-lo dos atos maus que efetivamente cometeu, mas compreender o tipo de mentalidade que poderia contribuir para o surgimento de indivíduos como ele — ou, mais ainda, que tipo de ocupação com a vida do espírito poderia contribuir para que essas figuras não encontrassem condições favoráveis à sua perversão de caráter nem tivessem a oportunidade de vir a engrossar o coro dos serviçais de organizações criminosas.

Do ponto de vista jurídico, não havia dúvida para Hannah Arendt de que uma violação da lei é sempre uma violação da comunidade, e no caso do genocídio — e dos "massacres administrativos", como ela preferia nomear — envolve toda a humanidade. Se não havia lei positiva que previsse a coibição e a punição de crimes com tal caráter, era simplesmente porque não havia uma comunidade jurídica internacional que envolvesse todos os seres humanos.

Quando Hannah Arendt censurou a compreensão do genocídio como um mero assassinato de muitas vítimas e o tratamento do julgamento como uma espécie de vingança do povo judeu, evidentemente não pretendia isentar Eichmann de suas responsabilidades, mas, na esfera jurídica, chamar a atenção para o fato de que esse tipo de análise atravancava a instauração de um código penal internacional, o único legítimo para lidar com crimes que, por violar a comunidade e a pluralidade de todos os humanos na Terra, se colocam além das competências das leis nacionais. Em suma, a lei, e não a vítima, deve prevalecer, e um crime contra a humanidade requer uma resposta efetiva do direito internacional e da comunidade dos povos.

A vida do espírito

A preocupação com a moralidade, que se deslocou para o centro das reflexões de Hannah Arendt devido à polêmica em torno do "caso Eichmann", a acompanhou até o final de sua vida, em 1975. Depois de indagar sobre o colapso da moralidade tradicional e de investigar a constituição da consciência moral e de suas implicações na conduta — por exemplo, na série de conferências "Algumas questões de filosofia moral" (1965), reunida na obra *Responsabilidade e julgamento* —, ela volta sua atenção para a investigação da vida do espírito, nas atividades do pensamento, da vontade e do juízo. Sua preocupação com as atividades espirituais provém tanto da relação do pensamento com o problema do mal quanto das questões morais mais gerais, oriundas da experiência e que conflitaram e puseram em questão a sabedoria de todas as épocas. Dessas indagações resultou *A vida do espírito — o pensar, o querer, o julgar*, obra editada postumamente em 1978.

O fundamental no pensamento, para Hannah Arendt, é o diálogo sem som que estabeleço comigo mesmo, o dois-em-um que se opõe à unicidade da minha presença no mundo das aparências. Especialmente o pensar, embora também o querer e o julgar, é a efetivação da dualidade inerente à consciência, da cisão entre eu e mim mesmo em constante diálogo, quando me tomo como interlocutor e tenho consciência de mim mesmo. Para Hannah Arendt, "todas as atividades do espírito testemunham, elas próprias, por sua natureza *reflexiva*, uma *dualidade* inerente à consciência; o agente espiritual só pode ser ativo agindo implícita ou explicitamente sobre si mesmo"; e "uma vez que a pluralidade é uma das condições básicas da vida humana na Terra ... , estar sozinho e estabelecer um relacionamento consigo mesmo é a característica mais marcante da vida do espírito".

O pensamento que Hannah Arendt supõe poder ter um significado especial para a moralidade, na medida em que também pode ser suposto como atributo natural de toda pessoa sã, não é *contemplativo*, mas *reflexivo* — não apenas porque sempre se volta contra si mesmo, mas também porque não se desvincula das "imagens" que o desencadeiam. Tal atividade é fundamentalmente distinta da disposição daquele que se distancia do jogo do mundo e vira as costas a ele para descobrir verdades imutáveis por trás das coisas e eventos e também para além deles. O pensar que Hannah Arendt tem em consideração é capaz de configurar na imaginação o jogo do mundo, de transformar um evento singular, em vista da compreensão, em um objeto dessensorializado do pensamento. Desse modo, os eventos são generalizados, lançados para além da sua própria particularidade, mas não dispensados.

Capacidade espiritual fundamental à existência política do homem, o julgar lida com particulares de forma que possa compreendê-los do modo mais amplo possível em sua singularidade, sem generalizá-los, operando assim como órgão de orientação no mundo.

Embora quem julgue tome uma decisão condicionada pela subjetividade, ao fazê-lo, considerando a existência de outras perspectivas, supõe o mundo — que precede nossa existência e possivelmente sobreviverá a ela — como um dado objetivo, permitindo-nos, de algum modo, sentirmo-nos em casa.

O pensamento, portanto, com seu componente depurador, seu caráter destrutivo em relação a valores, doutrinas, teorias e convicções, é político por implicação, na medida em que tem um efeito liberador sobre a faculdade de julgar particulares, dizer "isso está errado", "isso é belo". Embora pensamento e juízo devam ser considerados efetivamente distintos, pois, entre outras coisas, um lida com representações de coisas que estão ausentes e o outro sempre envolve particulares e coisas que estão à mão, eles estão intimamente interligados.

O terceiro volume de *A vida do espírito*, sobre o juízo, permaneceu inacabado. A partir de um curso ministrado por Hannah Arendt sobre a *Crítica da faculdade do juízo*, de Kant, no começo da década de 1970, foi editado o volume póstumo intitulado *Lições sobre a filosofia política de Kant* (1982). O volume sobre a vontade, entretanto, estava praticamente concluído. Investigar a atividade da vontade é enfrentar o problema da liberdade. A primeira dificuldade diz respeito ao fato de essa capacidade ter sido questionada e refutada por uma sucessão de filósofos eminentes, advogados da necessidade, que concebiam a vontade como uma mera ilusão da consciência. Está em questão a vontade como fonte de ação, como a capacidade de começar uma série nova de eventos. Para Arendt, no entanto, era claro que por ser começo o homem pode iniciar, engendrar algo novo que possa mudar o mundo.

Praticamente todos os filósofos, até mesmo Kant, foram acometidos por um certo embaraço quando tiveram de lidar com o poder de espontaneamente começar uma série de coisas ou estados sucessivos. Aos olhos dos que "defendiam" o ego pensante, falavam em seu nome, "foi sempre a maldição da *contingência* o que condenou a esfera dos assuntos meramente humanos a um status tão baixo na hierarquia ontológica". Eles não concebiam na esfera dos assuntos humanos liberdade alguma da vontade que fosse mais do que a escolha entre alternativas que se apresentavam ao sujeito (*liberum arbitrium*); não seria concebível a vontade como um órgão para o futuro, idêntica ao poder de começar algo novo, que é justamente a ação livre. Para Hannah Arendt, o sentido da política é a liberdade; por conseguinte, não podemos amar o mundo e afirmar a dignidade da política sem confiar na capacidade humana de agir livremente.

No dia em que faleceu, Hannah Arendt deixou em sua máquina de escrever duas epígrafes para o volume "O julgar" de *A vida do espírito*. Uma delas era a seguinte frase: "A causa vitoriosa agradou aos deuses, mas a derrotada agrada a Catão." Um romano em defesa da derrotada causa republicana, Catão diz preferi-la à vitória do império de César — nisso se traduz, em sua dimensão mais fundamental, o pensamento de Hannah Arendt.

Seleção de textos

Foram selecionados trechos referentes aos temas abordados ao longo do livro. Como nas referências e fontes, sempre que possível citamos a partir da edição brasileira, com eventuais alterações, a partir da consulta ao texto original.

Natalidade

O fato decisivo determinante do homem como um ser consciente e rememorador é o nascimento ou a "natalidade", isto é, o fato de que ingressamos no mundo através do nascimento. O fato decisivo determinante do homem como um ser desejante foi a morte ou a mortalidade, o fato de que temos de deixar o mundo com a morte. Medo da morte e inadequação da vida são as fontes do desejo. Em contraste, a gratidão por a vida ter sido dada de algum modo é a fonte da recordação, pois uma vida é estimada mesmo na miséria. ... O que em última instância alivia o medo da morte não é a esperança ou o desejo, mas a recordação e a gratidão (*Love and Saint Augustine*. Chicago, University of Chicago Press, 1996, p.51-2).

... A salvação potencial do mundo encontra-se no próprio fato de que a espécie humana regenera-se sempre e constantemente... . Segundo [Agostinho], como sabemos, Deus criou o homem como uma criatura temporal, *homo temporalis*; o tempo e o homem foram criados juntos e esta temporalidade foi afirmada pelo fato de que cada homem devia sua vida não somente à multiplicação das espécies, mas ao nascimento, à entrada de uma nova criatura que apareceu em meio ao contínuo de tempo do mundo *como* algo inteiramente novo. O propósito da criação do homem foi tornar possível um *começo*. ... A própria capacidade de começar está radicada na *natalidade*, e de forma alguma na criatividade; não em um dom, mas no fato de que os seres humanos, novos homens, aparecem sempre de novo no mundo em virtude do nascimento (*A vida do espírito*. Rio de Janeiro, Relume Dumará, 1991, p.345 e 348).

Totalitarismo

Os movimentos totalitários são possíveis onde quer que existam massas que por uma razão ou outra adquiriram o apetite para a organização política. As massas não se mantêm juntas pela consciência do interesse comum e carecem daquela específica articulação de classe que se expressa em metas determinadas, limitadas e atingíveis. O termo massas se aplica apenas onde lidamos com pessoas que, ou simplesmente por causa de seu número ou indiferença ou da combinação de ambos, não podem ser integradas em qualquer organização baseada no interesse comum, como partidos políticos, governos municipais, organizações profissionais ou sindicatos. Potencialmente, elas existem em todo país e formam a maioria daquele grande número de pessoas neutras e politicamente indiferentes que nunca se filiam a um partido e raramente votam (*Origens do totalitarismo*. São Paulo, Companhia das Letras, 1989, p.361).

[Heinrich Himmler] não é um boêmio, como Göbbels, nem um criminoso sexual como Streicher, nem um fanático pervertido como Hitler, nem um aventureiro como Göring. Ele é um "burguês", com toda a aparência de respeitabilidade, todos os hábitos de um bom *pai de família*, que não trai sua esposa e busca ansiosamente assegurar um futuro decente para seus filhos; e ele construiu conscientemente sua novíssima organização do terror, cobrindo todo o país, pressupondo que a maioria das pessoas não é constituída nem de boêmios nem de fanáticos, nem de aventureiros nem de maníacos sexuais, nem de sádicos, mas antes de tudo de empregados e bons pais de família (*Essays in understanding — 1930-1954*. Nova York, Harcourt Brace & Co., 1994, p.128).

A mais séria lacuna em *Origens do totalitarismo* é a ausência de uma análise conceitual e histórica adequada do pano de fundo ideológico do bolchevismo. Todos os outros elementos que eventualmente se cristalizaram em movimentos totalitários e formas de governo podem ser vinculados a correntes subterrâneas na história ocidental, que emergem apenas quando e onde a tradicional estrutura social e política das nações européias desmoronou. O racismo e o imperialismo, o nacionalismo tribal dos pan-movimentos e o anti-semitismo não mantinham relação com as grandes tradições filosóficas e políticas do Ocidente. A aterradora originalidade do totalitarismo — o fato de que suas ideologias e métodos de governo eram inteiramente sem precedentes, e de que suas causas não se prestavam a uma explicação adequada em termos históricos usuais — é facilmente ofuscada se se enfatiza demasiadamente o único elemento que tem atrás de si uma tradição respeitável e cuja discussão crítica requer a crítica de uma das mais importantes correntes da filosofia política ocidental: o marxismo (*Elementos totalitários no marxismo* [Projeto] *apud* Kohn, Jerome. "Introduction", *Social Research*, vol.69, n.2, 2002, p.v).

Poder-se-ia dizer que o problema do trabalho indica o lado político e o problema da história o lado espiritual das perplexidades que surgiram no final do século XVIII e emergiram completamente em meados do século XIX. Na medida em que ainda vivemos com e nessas perplexidades, que entrementes de fato se tornaram muito mais agudas, embora menos articuladas na formulação teórica, ainda somos contemporâneos de Marx. A enorme influência que Marx ainda exerce em quase todas as partes do mundo parece confirmar isso. No entanto, isso é verdadeiro apenas na medida em que escolhemos não considerar certos eventos do século XX; isto é, aqueles eventos que finalmente conduziram à forma de governo inteiramente nova que conhecemos como dominação totalitária. O fio da nossa tradição, no sentido de uma história contínua, só se rompeu com a emergência de instituições e políticas totalitárias que não podiam mais ser compreendidas por meio das categorias do pensamento tradicional ("Karl Marx and the tradition of western political thought", *Social Research*, vol.69, p.280-81).

O público e o privado

Os interesses privados, que, por sua própria natureza, são temporários, limitados pelo período natural de vida do homem, agora podem fugir para a esfera dos assuntos públicos e tomar-lhe emprestada aquela infinita duração de tempo necessária para a acumulação contínua. Isto parece criar uma sociedade muito semelhante àquela das formigas e abelhas, onde "o bem Comum não difere do Privado; e sendo por natureza inclinadas para o benefício privado, elas procuram conseqüentemente o benefício comum". Não obstante, uma vez que os homens não são nem formigas nem abelhas, tudo isto é uma ilusão. A vida pública assume o aspecto enganoso de uma soma de interesses privados, como se estes interesses pudessem criar uma nova qualidade através da mera adição (*Origens do totalitarismo*. São Paulo, Companhia das Letras, 1989, p.175).

Mal e moral

O mal provou ser mais radical que o esperado. Em termos objetivos, os crimes modernos não estão estipulados nos Dez Mandamentos. Ou: a tradição ocidental está padecendo do preconceito de que as piores coisas que os seres humanos são capazes de fazer provêm do vício do egoísmo. Nós sabemos, todavia, que os maiores males ou o mal radical não tem mais coisa alguma a ver com tais motivos pecaminosos, humanamente compreensíveis. O que o mal radical realmente é eu não sei, mas parece-me que ele de algum modo tem a ver com o seguinte fenômeno: tornar os seres humanos, enquanto seres humanos, supérfluos (não os usando como meios para um fim, o que deixaria intocada sua essência enquanto humanos, atingindo apenas sua dignidade humana; mas, mais propriamente, tornando-os supérfluos enquanto seres humanos) (*Hannah Arendt-Karl Jaspers: correspondence*. Nova York, Harcourt Brace & Co., 1993, p.166, carta de 04.03.1951).

Como sabemos muito bem, em toda comunidade existe um certo número de criminosos e, apesar de a maioria padecer de uma imaginação um tanto limitada, é possível admitir que alguns não são provavelmente menos talentosos do que Hitler e alguns de seus carrascos. O que essas pessoas fizeram foi horrível, e o modo como organizaram primeiro a Alemanha e depois a Europa ocupada pelos nazistas tem grande interesse para a ciência política e o estudo das formas de governo; mas nem um nem outro propõe problemas morais. A moralidade desmoronou e transformou-se em um mero conjunto de costumes (*mores*) — maneiras, usos, convenções a serem trocados à vontade — não entre os criminosos, mas entre as pessoas comuns que, desde que os padrões morais fossem socialmente aceitos, jamais sonhariam em duvidar daquilo que tinham sido ensinadas a acreditar. E essa questão, isto é, o problema que ela suscita, não é resolvida se admitimos, como devemos admitir, que a doutrina nazista não permaneceu ativa entre o povo alemão, que a moralidade criminosa de Hitler alterou-se novamente num piscar de olhos no momento em que a "história" anunciou a notícia da derrota. Assim, devemos dizer que presenciamos o total colapso de uma ordem "moral" não uma vez, mas duas vezes, e essa volta repentina à "normalidade", ao contrário do que muitas vezes se supõe complacentemente, só pode reforçar as nossas dúvidas ...

A conduta moral, pelo que ouvimos até agora, parece depender primeiramente do relacionamento do homem consigo mesmo. Ele não deve se contradizer abrindo uma exceção em seu favor, ele não deve se colocar em uma posição em que teria de desprezar a si mesmo. Em termos morais, isso deveria bastar, não só para torná-lo capaz de distinguir o certo do errado, mas também para fazer o certo e evitar o errado. Assim Kant, com a coerência de pensamento que é a marca do grande filósofo, coloca os deveres que o homem tem consigo à frente dos deveres para com os outros — algo que é certamente muito surpreendente, estando em curiosa contradição com o que geralmente compreendemos por comportamento moral. Não é certamente uma questão de preocupação com o outro, mas de preocupação consigo mesmo, não é uma questão de humildade, mas de dignidade humana e até de orgulho humano. O padrão não é nem o amor por algum próximo, nem o amor por si próprio, mas o respeito por si mesmo ("Algumas questões de filosofia moral", in *Responsabilidade e julgamento*. São Paulo, Companhia das Letras, 2004, p.117-18 e 131).

Ação

Se o *animal laborans* necessita da ajuda do *homo faber* para facilitar seu trabalho e remover sua dor, e se os mortais necessitam de sua ajuda [do *homo faber*] para edificar uma casa na Terra, os homens que agem e falam necessitam da ajuda do *homo faber* em sua capacidade suprema, isto é, da ajuda dos artistas, dos poetas e dos historiadores, dos construtores de monumentos ou dos escritores, porque sem eles o único produto da atividade dos homens, a estória que encenam e contam, de modo algum sobreviveria. Para ser o que o mundo é sempre destinado a ser, um lar para os homens durante sua vida na Terra, o artifício humano tem de ser um lugar adequado para a ação e a fala, para atividades não apenas inteiramente inúteis às necessidades da vida, mas de uma natureza inteiramente diferente das múltiplas atividades de fabricação por meio das quais o próprio mundo e todas as coisas nele são produzidos. Não precisamos escolher aqui entre Platão e Protágoras, ou decidir se o homem ou um deus deve ser a medida de todas as coisas; o que é certo é que a medida não pode ser nem as atividades motrizes da vida biológica e do trabalho, nem o instrumentalismo utilitário da fabricação e do uso (*A condição humana*. Rio de Janeiro, Forense Universitária, 1983, p.187).

Como sempre agimos em uma teia de relações, as conseqüências de cada ato são ilimitadas; toda ação deflagra não apenas uma reação, mas uma reação em cadeia, e todo processo é causa de novos processos imprevisíveis. Esta ilimitabilidade é inevitável; não poderia ser remediada restringindo nossas ações a um quadro limitado, palpável, de circunstâncias, ou armazenando todo o material pertinente em computadores gigantes. O menor ato, nas mais limitadas circunstâncias, porta o gérmen da mesma ilimitabilidade e imprevisibilidade; um ato, um gesto ou uma palavra pode ser suficiente para mudar qualquer constelação. Na ação, em contraposição à fabricação, é de fato verdade que nunca podemos saber realmente o que estamos fazendo.

Há, no entanto, em nítido contraste com esta fragilidade e falta de confiabilidade dos assuntos humanos, uma outra característica da ação humana que parece torná-la ainda mais perigosa do que, em todo caso, nos é permitido admitir. E é o simples fato de que, embora não saibamos o que estamos fazendo quando agimos, jamais temos qualquer possibilidade de desfazer o que fizemos. Os processos de ação são não apenas imprevisíveis, mas também irreversíveis; não há autor ou fabricante que possa desfazer ou destruir o que fez, caso não o agrade ou as conseqüências se mostrem desastrosas. Esta persistência peculiar da ação, aparentemente em oposição à fragilidade de seus resultados, seria completamente insuportável se esta capacidade não possuísse algum remédio em seu próprio âmbito.

A redenção possível da infortuna da irreversibilidade é a faculdade de perdoar e o remédio para a imprevisibilidade está contido na faculdade de fazer e de cumprir promessas. Os dois remédios formam um par: o perdão diz respeito ao passado e serve para desfazer o que foi feito, enquanto o compromisso, através de promessas, serve para estabelecer ilhas de segurança no oceano de incerteza futura, sem as quais nem mesmo a continuidade — sem falar de todo tipo de durabilidade — jamais seria possível nas relações entre os homens. Sem sermos perdoados, liberados das conseqüências do que fizemos, a nossa capacidade de agir estaria, por assim dizer, confinada a um único ato do qual jamais nos recuperaríamos; permaneceríamos as vítimas de suas conseqüências para sempre, semelhantes ao aprendiz de feiticeiro que não dispunha da fórmula mágica para quebrar o encanto. Sem estarmos obrigados ao cumprimento de promessas, nunca seríamos capazes de atingir aquele grau de identidade e de continuidade que, juntas, produzem a "pessoa" acerca de quem uma estória pode ser contada; cada um de nós estaria condenado a vagar desamparado e sem direção na escuridão de seu próprio coração solitário, enredado em suas contradições e equívocos e em seus humores sempre em mudança. (Esta identidade subjetiva, alcançada com o compromisso por meio de promessas, deve ser distinguida da identidade "objetiva", isto é, ligada a objetos, que surge da confrontação com a mesmidade do mundo, que mencionei na discussão da fabricação.) Neste sentido, perdoar e prometer equivalem a mecanismos de controle embutidos na própria faculdade de iniciar processos novos e sem fim.

Sem a ação, sem a capacidade de iniciar algo novo e assim articular o novo começo que entra no mundo com o nascimento de cada ser humano, a vida do homem, despendida entre o nascimento e a morte, estaria de fato irremediavelmente condenada. A própria duração da vida, seguindo em direção à morte, conduziria inevitavelmente toda coisa humana à ruína e à destruição. A ação, com todas as suas incertezas, é como um lembrete sempre presente de que os homens, embora tenham de morrer, não *nasceram* para morrer, mas para iniciar algo novo. *Initium ut esset homo creatus est* — "para que houvesse um início o homem foi criado", disse Agostinho. Com a criação do homem, o princípio do começo veio ao mundo — o que é naturalmente apenas um outro modo de dizer que com a criação do homem o princípio da liberdade apareceu na Terra ("Trabalho, obra, ação", *Cadernos de Ética e Filosofia Política*, USP, n.7, p.205-6).

Pensar poeticamente

... Lidamos aqui [em Walter Benjamin] com algo que pode não ser único, mas certamente é extremamente raro: o dom de *pensar poeticamente*. Este pensar, alimentado pelo presente, opera com os "fragmentos de pensamento" que ele pode arrancar do passado e reunir em torno de si. Como um pescador de pérolas que desce ao fundo do mar, não para escavá-lo e trazê-lo à luz, mas para espreitar livremente nas profundezas o rico e o estranho, as pérolas e o coral e trazê-los à superfície, este pensamento investiga nas profundezas do passado — mas não para ressuscitá-lo do modo como ele era e contribuir para a renovação de eras extintas. O que guia este pensar é a convicção de que, embora os vivos estejam sujeitos à destruição do tempo, o processo de decadência é ao mesmo tempo um processo de cristalização, que no fundo do mar, no qual afunda e se dissolve o que outrora era vivo, algumas coisas "sofrem uma transformação marinha" e sobrevivem em novos aspectos e formas cristalizados, que permanecem imunes aos elementos, como se apenas esperassem pelo pescador de pérolas que um dia descerá até elas e as trará ao mundo dos vivos — como "fragmentos de pensamento", como algo "rico e estranho", e talvez até como um imperecível *Urphänomene* (fenômeno originário) ("Walter Benjamin [1892-1940]", in *Homens em tempos sombrios*. São Paulo, Companhia das Letras, 1987, p.238.)

Vida do espírito

Se o pensamento — o dois-em-um do diálogo sem som — realiza a diferença no interior de nossa identidade como é dada na consciência e através disso resulta na consciência moral, como seu subproduto, então o juízo, o subproduto do efeito liberador do pensamento, realiza o pensamento, torna-o manifesto no mundo das aparências, onde eu nunca estou só e sempre muito ocupado para ser capaz de pensar. A manifestação do vento do pensamento não é o conhecimento; é a habilidade de distinguir o certo do errado, o belo do feio. E isto, nos raros momentos em que as cartas estão na mesa, pode realmente evitar catástrofes, ao menos para o si-mesmo (*A vida do espírito/O pensar*. Rio de Janeiro, Relume Dumará, 1991, p.145).

Amor mundi

Em última análise, o mundo humano é sempre o produto do *amor mundi* do homem, um artifício humano cuja imortalidade potencial está sempre sujeita à mortalidade daqueles que o ergueram e à natalidade daqueles que chegam para viver nele. ... Nesse sentido, em sua necessidade de iniciadores para que possa ser iniciado novamente, o mundo é sempre um deserto. A partir das condições da desmundanidade, que apareceram antes de tudo na Era Moderna — que não deve ser confundida com a *outra* mundanidade cristã —, nasceu a questão de Leibniz, Schelling e Heidegger: por que existe algo em vez do nada? E a partir das condições específicas de nosso mundo contemporâneo, que nos ameaça não apenas com a nadidade [*no-thingness*], mas também com a ninguendade [*no-bodyness*], pôde nascer a questão: por que existe alguém, em vez de ninguém? Estas questões podem soar niilistas, mas não o são. Pelo contrário, são as questões antiniilistas levantadas na situação objetiva de niilismo, onde a nadidade e a ninguendade ameaçam destruir o mundo (*The promise of politics*. Nova York, Schocken, 2005, p.204-5).

Cronologia

1906 Nascimento de Hannah Arendt, em Hannover, Alemanha. Passa sua infância em Königsberg.

1924 Ingressa na Universidade de Marburg.

1928 Apresenta tese de doutorado intitulada *O conceito de amor em Agostinho*, orientada por Karl Jaspers, na Universidade de Heidelberg.

1929 Publicação de *O conceito de amor em Agostinho*.

1933 Foge da Alemanha para a França, depois de ter sido presa por envolvimento com a resistência sionista ao nazismo.

1940 Foge da França para os Estados Unidos, depois da ocupação alemã. Durante essa década, publica inúmeros textos relacionados à política judaica.

1949 Retorna à Europa, como agente da reconstrução cultural judaica.

1951 Publicação de *Origens do totalitarismo*. Torna-se cidadã norte-americana, pondo fim a um longo período na condição de apátrida.

1958 Publicação de *A condição humana* e *Rahel Varnhagen — a vida de uma judia alemã na época do romantismo* (este último escrito nos anos 1930).

1959 Recebe o Prêmio Lessing da Cidade Livre de Hamburgo. Na ocasião, lê o discurso intitulado "Sobre a humanidade em tempos sombrios: reflexões sobre Lessing", incluído depois em *Homens em tempos sombrios.*

1961 Publicação de *Entre o passado e o futuro.*

1963 Publicação de *Eichmann em Jerusalém — um relato sobre a banalidade do mal.*

1965 Publicação de *Sobre a revolução.*

1968 Publicação de *Homens em tempos sombrios.*

1970 Publicação de *Sobre a violência.*

1972 Publicação de *Crises da República.*

1975 Recebe o Prêmio Sonning, na Dinamarca, por sua contribuição à civilização européia. Profere o discurso "O grande jogo do mundo", incluído em *A dignidade da política.* Morre em Nova York, em decorrência de um ataque cardíaco.

1978 São publicados *O judeu como pária: identidade judaica e a política na Era Moderna*, organizado por Ron H. Feldman, e *A vida do espírito*, organizado por Mary McCarthy.

1982 É publicado *Lições sobre a filosofia política de Kant*, editado por Ronald Beiner.

1994 É publicado *Ensaios em compreensão — 1930-1954*, editado por Jerome Kohn, com vários textos inéditos ou raros de Hannah Arendt.

1996 É publicada a edição norte-americana de *O conceito de amor em Agostinho*, editada por Joana V. Scott e Judith C.

Stark, incluindo a revisão incompleta feita por Hannah Arendt.

2003 É publicado *Responsabilidade e julgamento*, editado por Jerome Kohn, com textos de Hannah Arendt sobre filosofia moral e teoria política.

2005 É publicado *A promessa da política*, editado por Jerome Kohn, com textos de Hannah Arendt sobre teoria política.

Referências e fontes

p.9: A citação encontra-se em "O interesse pela política no recente pensamento filosófico europeu", em *A dignidade da política* (Rio de Janeiro, Relume Dumará, 1993), p.85.

p.9: A frase de Agostinho provém de *A cidade de Deus*, xii, 20, citada em *A condição humana* (Rio de Janeiro, Forense Universitária, 1983), p.190. Nas p.20-1 e 45-6, são citados trechos, respectivamente, das p.189-90, 27-8 e 33 da mesma obra.

p.12: A citação da carta de Arendt a Scholem pode ser consultada em *Hannah Arendt's Papers*. The Manuscript Division. The Library of Congress. http://memory.loc.gov/ammem/arendthtml/arendthome.thml.

p.15: Aludo a "Martin Heidegger faz oitenta anos", adicionado à edição brasileira de *Homens em tempos sombrios* (São Paulo, Companhia das Letras, 1987), p.230-31.

p.25 e 57: São citados trechos de *A vida do espírito/O pensar* (Rio de Janeiro, Relume Dumará, 1991), p.163, 59 e 58, respectivamente. Na p.57, é citado trecho de *A vida do espírito/O querer* (Rio de Janeiro, Relume Dumará, 1991), p.207.

p.25: Cito "nós refugiados" de Young-Bruehl, Elizabeth. *Hannah Arendt: por amor ao mundo* (Rio de Janeiro, Relume Dumará, 1987), p.156.

p.28, 33-4 e 36: Cito *Origens do totalitarismo* (São Paulo, Companhia das Letras, 1989), p.13, 180, 302, 333, 488 e 489, respectivamente.

p.39: Cito o ensaio "A tradição e a época moderna", de *Entre o passado e o futuro* (São Paulo, Perspectiva, 1972), p.43. Na p.48, é citado o ensaio "A crise na cultura", do mesmo livro, p.264.

p.40: Cito de Arendt, Hannah, "Karl Marx and the tradition of western political thought", *Social Research*, vol.69, n.2 (2002), p.310.

p.52: É citada a obra *Eichmann em Jerusalém — um relato sobre a banalidade do mal* (São Paulo, Companhia das Letras, 2000, p.311).

p.57: A frase de Catão provém de Luciano, *Pharsalia (Bellum civile)*, I, linha 128. Em uma carta a K. Jaspers (24.7.1954), Hannah Arendt dizia ser esse o espírito do republicanismo.

Leituras recomendadas

Obras de Hannah Arendt em português

Compreensão e política e outros ensaios. Trad. M.S. Pereira. Lisboa, Relógio D'água, 2001.

O conceito de amor em Santo Agostinho. Lisboa, Instituto Piaget, 1997.

A condição humana. Trad. R. Raposo. Rio de Janeiro, Forense Universitária, 1983.

Crises da República. Trad. José Volkmann. São Paulo, Perspectiva, 1973.

Da revolução. Trad. F. D. Vieira. São Paulo/Brasília, Ática/Ed. Unb, 1988.

A dignidade da política. Trad. Helena Martins et al. Org. Antonio Abranches. Rio de Janeiro, Relume Dumará, 1993.

Eichmann em Jerusalém — um relato sobre a banalidade do mal. Trad. José R. Siqueira. São Paulo, Companhia das Letras, 2000.

Entre amigas: a correspondência de Hannah Arendt e Mary McCarthy. Trad. Sieni Campos. Org. C. Brightman. Rio de Janeiro, Relume Dumará, 1995.

Entre o passado e o futuro. Trad. Mauro B. de Almeida. São Paulo, Perspectiva, 1972.

Hannah Arendt-Martin Heidegger: correspondência 1925-1975. Trad. Marco A. Casanova. Org. Ursula Ludz. Rio de Janeiro, Relume Dumará, 2001.

Homens em tempos sombrios. Trad. Denise Botmann. São Paulo, Companhia das Letras, 1987.

Lições sobre a filosofia política de Kant. Trad. André Duarte. Rio de Janeiro, Relume Dumará, 1993.

O que é política?. Trad. R. Guarany. Rio de Janeiro, Bertrand Brasil, 1998.

Origens do totalitarismo. Trad. R. Raposo. São Paulo, Companhia das Letras, 1989.

Rahel Varnhagen: a vida de uma judia alemã na época do romantismo. Trad. Antônio Trânsito e Gernot Kludasch. Rio de Janeiro, Relume Dumará, 1994.

Responsabilidade e julgamento. Trad. R. Eichenberg. São Paulo, Companhia das Letras, 2004.

Sobre a violência. Trad. A. Duarte. Rio de Janeiro, Relume Dumará, 1994.

"Trabalho, obra, ação". Trad. Adriano Correia. *Cadernos de Ética e Filosofia Política*, n.7 (http://www.fflch.usp.br/df/cefp/Cefp7/indice.html).

A vida do espírito — o pensar, o querer, o julgar. Trad. Antônio Abranches et al. Rio de Janeiro, Relume Dumará, 1991.

Sobre Hannah Arendt

AGUIAR, Odilio Alves. *Filosofia e política no pensamento de Hannah Arendt*. Fortaleza, Ed. UFC, 2000.

Obra que examina as posições do ator e do espectador e o juízo na relação entre filosofia e política em Hannah Arendt.

AGUIAR, Odilio A. et al. (orgs.). *Origens do totalitarismo — 50 anos depois*. Rio de Janeiro, Relume Dumará, 2001.

Examina diversos temas de ética, direito e história concernentes à dominação totalitária por estudiosos do tema.

CORREIA, Adriano (coord.). *Transpondo o abismo: Hannah Arendt entre a filosofia e a política*. Rio de Janeiro, Forense Universitária, 2002.

Examina a posição de Hannah Arendt como pensadora entre a filosofia e a política.

______. (org.). *Hannah Arendt e a condição humana*. Salvador, Quarteto, 2006.

Obra voltada para a discussão de temas relacionados a *A condição humana*, com vários pesquisadores da teoria política, do direito e da filosofia. Contém como anexo a tradução de "Trabalho, obra, ação", de Hannah Arendt.

DUARTE, André. *O pensamento à sombra da ruptura — política e filosofia em Hannah Arendt*. São Paulo, Paz e Terra, 2000.

Examina a ruptura da tradição do pensamento político ocidental a partir do evento totalitário.

DUARTE, A., C. Lopreato e M.B. Magalhães. (orgs.). *A banalização da violência: a atualidade do pensamento de Hannah Arendt*. Rio de Janeiro, Relume Dumará, 2004.

Reflexões sobre temas como terror, violência, revolução, mal, poder, por pesquisadores do Brasil e do exterior.

COURTINE-DENAMY, S. *O cuidado com o mundo — diálogo entre Hannah Arendt e alguns de seus contemporâneos.* Belo Horizonte, Ed. UFMG, 2004.

A partir da experiência do exílio e do reencontro, estabelece e reconstrói o diálogo de Hannah Arendt com vários de seus contemporâneos.

LAFER, Celso. *A reconstrução dos direitos humanos — um diálogo com o pensamento de Hannah Arendt.* São Paulo, Companhia das Letras, 1988.

Explora as possibilidades de se repensar o tema dos direitos humanos a partir do "direito a ter direitos", compreendido por Arendt como fundamental.

______. *Hannah Arendt — pensamento, persuasão e poder.* 2ª ed., rev. e ampl. São Paulo, Paz e Terra, 2003 (1ª ed., 1979).

Livro pioneiro, recentemente reeditado, constitui importante introdução à obra de Arendt.

MORAES, Eduardo J. e Newton Bignotto (orgs.). *Hannah Arendt — diálogos, reflexões e memórias.* Belo Horizonte, Ed. UFMG, 2001.

Reflexão sobre a teoria política, a filosofia e a história em Hannah Arendt por vários autores.

ORTEGA, Francisco. *Para uma política da amizade — Arendt, Derrida, Foucault.* 2ª ed. Rio de Janeiro, Relume Dumará, 2000.

Analisa a importância da amizade como objeto de reflexão filosófica e política.

SOUKI, Nádia. *Hannah Arendt e a banalidade do mal*. Belo Horizonte, Ed. UFMG, 1998.

Investiga um tema arendtiano fundamental à sua filosofia moral.

VALLE, Maria R. do. *A violência revolucionária em Hannah Arendt e Herbert Marcuse*. São Paulo, Ed. Unesp, 2005.

Examina as implicações da problemática articulação da política com a violência no evento revolucionário.

WINCKLER, Silvana (org.). *Dossiê Hannah Arendt. Revista Grifos*. Chapecó, Argos, n.13, nov. 2002.

Conjunto de textos de autores do Brasil e do exterior sobre vários temas do pensamento arendtiano.

XARÃO, Francisco. *Política e liberdade em Hannah Arendt — ensaio sobre a reconsideração da* vita activa. Ijuí, Ed. Unijuí, 2000.

Obra que examina as articulações fundamentais de *A condição humana*.

YOUNG-BRUEHL, Elizabeth. *Hannah Arendt: por amor do mundo*. Rio de Janeiro, Relume Dumará, 1987.

Biografia ainda não superada de Arendt, é também uma importante introdução ao seu pensamento.

Sobre o autor

Adriano Correia nasceu em Tanhaçu, Bahia, em 1975. Doutorou-se em filosofia pela Universidade Estadual de Campinas, em 2002, com uma tese sobre Hannah Arendt. Atualmente é professor-adjunto de ética e filosofia política na Universidade Federal de Goiás.

Organizou os livros *Transpondo o abismo: Hannah Arendt entre a filosofia e a política* (Forense Universitária, 2002) e *Hannah Arendt e a condição humana* (Quarteto, 2006). Publicou, em livros e revistas acadêmicas, traduções de textos de Hannah Arendt e vários artigos sobre o pensamento político da autora, assim como sobre Kant, Adorno e Habermas.

Coleção **PASSO-A-PASSO**

Volumes recentes:

Ciências Sociais Passo-a-Passo

O negócio do social [40], Joana Angélica Barbosa Garcia

Origens da linguagem [41], Bruna Franchetto e Yonne Leite

Antropologia da criança [57], Clarice Cohn

Patrimônio histórico e cultural [66], Pedro Paulo Funari e Sandra de Cássia Araújo Pelegrini

Antropologia e imagem [68], Andréa Barbosa e Edgar T. da Cunha

Antropologia da política [79], Karina Kuschnir

Sociabilidade urbana [80], Heitor Frúgoli Jr.

Pesquisando em arquivos [82], Celso Castro

Cinema, televisão e história [86], Mônica Almeida Kornis

Filosofia Passo-a-Passo

Estética [63], Kathrin H. Rosenfield

Filosofia da natureza [67], Márcia Gonçalves

Hume [69], Leonardo S. Porto

Hannah Arendt [73], Adriano Correia

Schelling [74], Leonardo Alves Vieira

Niilismo [77], Rossano Pecoraro

Kierkegaard [78], Jorge Miranda de Almeida e Alvaro L.M. Valls

Filosofia da biologia [81], Karla Chediak

Ontologia [83], Susana de Castro

John Stuart Mill & a liberdade [84], Mauro Cardoso Simões

Filosofia da história [88], Rossano Pecoraro

Teoria do conhecimento [91], Alberto Oliva

Psicanálise Passo-a-Passo

Psicanálise com crianças [75], Teresinha Costa

Feminino/masculino [76], Maria Cristina Poli

Cinema, imagem e psicanálise [85], Tania Rivera

Trauma [87], Ana Maria Rudge

Édipo [89], Teresinha Costa

A psicose [90], Andréa M.C. Guerra

A angústia [92], Sonia Leite

Educação e psicanálise [93], Rinaldo Voltolini

Os outros em Lacan [94], Antonio Quinet

A paixão [95], Marcus André Vieira

Histeria: o caso Dora [96], Nadiá Paulo Ferreira e Marcus Alexandre Motta